Beck'sche Reihe

BsR 1143

BsR

Sekten, Psychokulte und Okkultismus erfreuen sich besonders unter Jugendlichen einer ungebrochenen Anziehungskraft. Dies und eine fast ausschließlich sensationsheischende Berichterstattung in den Medien läßt die aufblühende Sektenkultur gerade bei uns zunehmend als Bedrohung erscheinen. Doch nur selten erfahren wir dabei etwas über die Ursachen und Motive, die Jugendliche den Weg zu den verschiedensten Psychokulten finden lassen.

Gunther Klosinski versucht in seinem Buch zu zeigen, wann und aus welchen äußeren und psychischen Gründen Heilslehren und okkulte Gruppierungen Jugendliche zu faszinieren beginnen. Gleichzeitig erhält der Leser einen Überblick über die vielfältigen Angebote auf dem Markt der Heilslehren. Das Buch schließt mit einer Stellungnahme zum Gefährdungspotential von Sekten und religiös-rigoristischen Gruppierungen für Jugendliche und beschreibt wichtige Aspekte der Vorbeugung und des Umgangs mit betroffenen Jugendlichen und ihren Eltern.

Dieses Buch ist keines der üblichen „Enthüllungsbücher", sondern eine für die Motive und Sehnsüchte der Betroffenen sensible Darstellung, in der es nicht um Verurteilen als vielmehr um das Verstehen und Ernstnehmen jugendlicher Bedürfnisse und Wünsche geht.

Gunther Klosinski ist Professor für Kinder- und Jugendpsychiatrie/Psychotherapie und ärztlicher Direktor der Abteilung Psychiatrie und Psychotherapie im Kindes- und Jugendalter an der Universität Tübingen. Seine Hauptarbeits- und Forschungsgebiete sind u.a. die Psychodynamik der Pubertät und Identitäts- und Wertekrisen in der Adoleszenz.

GUNTHER KLOSINSKI

Psychokulte

Was Sekten für Jugendliche so attraktiv macht

VERLAG C. H. BECK

Die Deutsche Bibliothek – CIP-Einheitsaufnahme

Klosinski, Gunther: Psychokulte : Was Sekten für Jugendliche so attraktiv macht / Gunther Klosinski. – Orig.-Ausg. – München : Beck, 1996
(Beck'sche Reihe ; 1143)
ISBN 3 406 39243 1
NE: GT

Originalausgabe
ISBN 3 406 39243 1

Umschlagentwurf: Uwe Göbel, München
Umschlagabbildung: © Martin Kers, „Water"

Gesamtherstellung: C. H. Beck'sche Buchdruckerei, Nördlingen
Gedruckt auf säurefreiem, alterungsbeständigem Papier
(hergestellt aus chlorfrei gebleichtem Zellstoff)
Printed in Germany

Inhalt

Einführung 9

I. Psychokulte und Sekten-Szene: Von der Vielfalt der Angebote auf dem Markt der Heilslehren – ein Überblick 13

1. Begriffsbestimmung des Wortes „Sekte“ 16

2. Vom Wesen der Sekte 16

II. Die verletzliche Entwicklungsphase der Pubertät und Adoleszenz 19

1. Psychodynamische und intrapsychische Aspekte der Pubertät und Adoleszenz 19

2. Religiöse Entwicklungsstufen und die Funktion der Religiosität hinsichtlich Sinnfindung und Sinnkonstruktion 24

3. Allgemeine Grundbedürfnisse und typische emotionale Reaktionsweisen in der Adoleszenz 29

III. Freie Religiosität, Spiritualität sowie Aspekte des Magischen und Okkulten in unserer Gesellschaft .. 32

1. Freie Religiosität – Religion ohne Institution.... 33

2. „Neue Spiritualität“, Esoterik- und New-Age-Szene – ein Überblick 35

3. Der Hang zum Okkulten, Esoterischen und Magischen bei Jugendlichen 45

IV. Ursachen, Funktionen und Auswirkungen religiösen Glaubenswechsels 51

1. Zum Begriff religiöser Konversion 52

2. Theorien und Forschungsergebnisse zur religiösen Konversion – eine Literaturübersicht 53

3. Eigene empirische Untersuchungsergebnisse zur Konversionsdynamik 64

V. Schnittpunkt Religion und Psychiatrie............ 73

1. Von der Vielfalt religiösen Erlebens und den psychopathologischen Formen religiöser Erfahrung 73

2. Religiös-rigoristische, fundamentalistische Haltungen und ihr Einfluß auf die Persönlichkeitsentwicklung............................ 75

3. Beispiele negativer psychosozialer Entwicklungen unter religiös-rigoristischen Bedingungen im Elternhaus 79

4. Zusammenfassende Einschätzung des Gefährdungspotentials von Sekten und religiös-rigoristischen Gruppierungen für Jugendliche 84

VI. Aspekte der Prävention und des Umgangs mit betroffenen Jugendlichen und ihren Eltern 88

1. Religiöse Erziehung: Chance oder Risiko?...... 88

2. Zugang zu Jugendlichen aus der Okkult-, Esoterik- und Sektenszene – Beratungsarbeit mit den Angehörigen 93

3. Dialog mit Jugendlichen, die Sekten-, Okkult- oder Esoterikerfahrung hatten 94

4. Empfehlungen bezüglich der Haltung des Beratenden gegenüber Eltern und Angehörigen 97

VII. Ausblick 101

VIII. Anhang

1. Einrichtungen und Institutionen, die Jugendliche und Eltern beraten 109

2. Literatur 109

Einführung

Dieses Buch möchte Antworten geben auf die Frage, was Sekten und Psychokulte für Jugendliche so attraktiv erscheinen läßt, welche positiven und negativen Auswirkungen religiöser Einflußnahme auf die Psyche von Heranwachsenden zu verzeichnen sind. Es ist u. a. entstanden aus Offenheit und Sensibilität gegenüber jugendlichen Patienten, die in meine kinder- und jugendpsychiatrische Sprechstunde kamen. Dabei ging es mir nicht nur um die Zuordnung der Beschwerden und Symptome zu einer psychiatrischen Erkrankung oder genauen Diagnosestellung, sondern um die in der Pubertät und Adoleszenz stets vorhandene Wahrnehmung einer Sinnkrise und Sinnsuche des jungen Menschen, in die seine Symptomatik mit eingebettet ist. Religiöse Erziehung kann entwicklungsfördernd oder entwicklungshemmend wirken, die Vermittlung von entsprechenden Gottesbildern kann stabilisierende oder labilisierende, progressive oder regressive Anstöße geben. Es genügt bei Jugendlichen nicht, die Vielfalt ihrer Protesthaltungen auch im Religiösen zu beschreiben und zu bewerten. Erst vor dem Hintergrund der entwicklungspsychologisch besonders bedeutsamen Ablösungsphase der Pubertät und Adoleszenz lassen sich sowohl Naivität als auch Radikalität der Abwendung vom elterlichen Weltbild und die Hinwendung zu marginalen, „alternativen“ und extrem „andersartigen“ religiösen Gruppierungen bei Jugendlichen verstehen.

Wenn ein Mediziner, Kinder- und Jugendpsychiater und Psychotherapeut über dieses Thema schreibt, so läuft er Gefahr, aufgrund seiner Erfahrung mit einer „Negativauslese“ religiöse Phänomene eventuell vorschnell zu pathologisieren. Gerade dies soll vermieden werden. Ich habe mich insbesondere in den 80er Jahren intensiv mit den sogenannten Jugendreligionen wissenschaftlich befaßt und dabei die Konversion und Dekonversion von Anhängern der Neo-Sannyas-Bewegung und der Transzendentalen Meditation empirisch untersucht. Ich glaubte hierfür besonders legitimiert zu sein, da ich sechs Studienreisen nach Indien und Südostasien unternommen hatte, um mich „vor Ort" mit dem Gedankengut asiatischer Philosophie und Religion vertraut zu machen. Letzteres auch deswegen, weil in den 70er und 80er Jahren zahlreiche junge Menschen im Rahmen einer „Globetrotter-Mentalität" ferne Länder bereisten und in der Phase der Spätpubertät und Adoleszenz synkretistische Anleihen bei hinduistischen und buddhistischen Philosophien und Religionen vornahmen. Nicht nur Jugendliche und junge Menschen wurden zu „Aussteigern" aus einer materialistischen Konsumgesellschaft, in der die traditionellen religiösen Werte zunehmend ins Wanken geraten waren.

Inzwischen ist es um die sogenannten Jugendreligionen wieder ruhiger geworden. Der Zulauf zu Sekten und religiösen Sondergemeinschaften sowie zu esoterischen und neugnostischen Weltanschauungsgruppierungen hat aber in den letzten zehn Jahren zugenommen. Eine außerhalb der Konfessionen sich etablierende sogenannte „freie Religiosität", noch auf christlicher Basis, geht fließend in eine offene spirituelle Szene über, die vom New Age beeinflußt und von esoterischen Verlagen wirtschaftlich geradezu ausgebeutet wird. Wie ist das Gefahrenpotential für junge Menschen durch das „Angebot" von Sekten im weitesten Sinne einzuschätzen? Besteht Handlungsbedarf im Sinne einer verstärkten Prävention und Aufklärung? Wie können und sollen betroffene, sich sorgende Eltern beraten werden, wenn Zeitschriften reißerisch von „der teuflischen Macht der Sekten" sprechen und die Frage aufwerfen, ob nicht zwei Millionen Deutsche in den Fängen von Gurus, Gaunern und Exorzisten für immer verloren seien (Stern, Heft Nr. 19, 1995)? Was ist davon zu halten, wenn Sektenbeauftragte der etablierten Konfessionen immer wieder auf die Gefahren dieser Gruppierungen hinweisen bei gleichzeitigem Schwund der eigenen Mitgliederzahlen? Ist es gerechtfertigt, daß sich Elterninitiativen zur „Aktion für geistige und psychische Freiheit“ zusammengeschlossen haben, um auf das Gefahrenpotential von religiösen Sekten aufmerksam zu machen?

Das vorliegende Buch möchte einen kritischen Beitrag zur Beantwortung dieser Fragen leisten, möchte informieren und der Komplexität des Problems gerecht werden, ohne allzuschnell in bekannte Extrempositionen zu verfallen. Den Jugendlichen, Adoleszenten und Eltern sei an dieser Stelle für ihre Offenheit und für ihr Vertrauen in bezug auf religiöse Fragen gedankt. Begegnungen im therapeutischen Alltag sowie der Dialog mit Ratsuchenden standen Pate beim Entwurf dieses Buches.

Tübingen, März 1996 *Gunther Klosinski*

I. Psychokulte und Sekten-Szene: Von der Vielfalt der Angebote auf dem Markt der Heilslehren – ein Überblick

Sekten, so wurde behauptet, seien die „Fliegen an den Wunden der Kirche“ (vgl. *Lampe*, 1994). Das hat so lange gestimmt, solange man unter dem Sammelbegriff „Sekten“ Bewegungen verstand, die versuchten, den christlichen Glauben in einer intensiveren, nicht alltäglichen, aber, wie sie meinten, evangeliumsgemäßeren Form zu leben. Sektiererische Gruppen – so *Lampe* – waren lange Zeit Gruppen, die im weitesten Sinne in der christlichen Tradition standen.

Die heutige religiöse Szene umfaßt jedoch Gruppen, Bewegungen und Gemeinschaften aus *allen* religiösen Traditionen. Steht bei der Sekte der religiöse Bezug noch erkennbar im Vordergrund, so ist ein solcher bei den Psychokulten nicht immer auf den ersten Blick zu erkennen. Zum Bereich der Psychokulte zählt man heute Bewegungen und Gruppierungen, die mit messianischem Eifer Weltanschauungen und -deutungen mit Heilsanspruch vertreten und dabei Psychotechniken unterschiedlichster Herkunft gebrauchen. Zum Kult werden sie immer dann, wenn sie sich abschotten, rigoristische Praktiken und Verhaltensnormen den Anhängern aufzwingen. Fließende Übergänge hin zu okkulten Zirkeln und einseitigen psychologischen Schulen (mit Weltverbesserungsanspruch) lassen klare Abgrenzungen mitunter schwierig erscheinen. Als Beispiele aus einer Vielfalt von Heillehrengruppierungen der Psychokulte seien EST (Erhard Seminar Training), Scientology und VPM (Verein zur Förderung der psychologischen Menschenkenntnis) genannt, wobei sich alle drei Organisationen dagegen wehren, als Psychokulte eingestuft zu werden.

Allein die vielen Gruppierungen und Bewegungen im eindeutig religiösen Bereich sind für den Nichtexperten kaum noch über-, geschweige denn durchschaubar, wie die vierte Auflage aus dem Jahre 1993 des *Handbuches religiöser Gemeinschaften* von *Reller* zeigt: Zum einen gibt es die Freikirchen, das sind Gemeinschaften, die aus dem Bemühen um die Erneuerung urchristlichen Gemeindelebens entstanden sind und zu denen ökumenische Beziehungen bestehen. Hierunter zählt auch die Pfingstbewegung mit ihren zahlreichen Untergruppierungen. Das Handbuch nennt des weiteren Sondergemeinschaften, also Gemeinschaften, die teilweise Beziehungen zu den Kirchen haben, aber Sonderlehren vertreten, die in einigen Fällen auch sektiererische Züge tragen. Bei einigen dieser Gemeinschaften sind die Mitglieder zugleich in der Landeskirche aktiv. Schließlich werden die eigentlichen Sekten genannt: Gemeinschaften, die mit christlichen Überlieferungen wesentliche außerbiblische Wahrheits- und Offenbarungsquellen verbinden und in der Regel ökumenische Beziehungen ablehnen (z. B. Neuapostolische Kirche, Zeugen Jehovas, Christian Science, Unitarier). Ferner sind zu unterscheiden die esoterischen und neugnostischen Weltanschauungsbewegungen. Hierunter versteht man Weltdeutungssysteme mit religiösen Funktionen, teils mit, teils ohne Kultgemeinschaft (z. B. Theosophie, Anthroposophie, Rosenkreuzer, Heimholungswerk Jesu Christi, Umbanda, Subud). Das Handbuch nennt dann als fünfte große Gruppe die missionierenden Religionen des Ostens, Neureligionen und „Jugendreligionen". Hierunter fallen z. B. die Transzendentale Meditation, Hare Krishna (Internationale Gesellschaft für Krishna-Bewußtsein), Ananda Marga, die Bhagwan-Rajneesh-Bewegung oder Osho-Cummune, Sathya Sai Baba und seine Bewegung sowie Sri Chinmoi und seine Zentren.

Zu einer noch differenzierteren Aufgliederung insbesondere hinsichtlich der Kirchen und ihrer Splittergruppen kommt *Eggenberger* in seinem Handbuch *Die Kirchen, Sondergruppen und religiöse Vereinigungen* (1994). Neben den katholischen und den orthodoxen Kirchen unterscheidet er die ursprünglich aus der Reformation hervorgegangenen Kirchen, die Freikirchen täuferischer, baptistischer und darbystischer Herkunft, die Freikirchen pietistischer und methodistischer Abstammung inklusive neupietistischer und evangelikaler Gemeinden, Neugründungen von freien evangelikalen, fundamentalistischen und charismatischen Einzelgemeinden sowie Pfingstbewegungen, Endzeit-, Apostel- und Messias-Gemeinden.

Festzuhalten gilt, daß es neben dem Boom der aus Ostasien kommenden sogenannten Jugendreligionen in den 60er und 70er Jahren eine Zunahme von neupfingstlerisch-freicharismatischen Gemeindeneugründungen gegeben hat, verbunden mit einer neuen Welle evangelikal-fundamentalistischer Frömmigkeit und gepaart mit missionarischem Eifer, sowie pfingstlerische Heilungsbewegungen der 80er Jahre, die sogenannte *Faith Churches* mit starker Betonung der Heilkraft des Glaubens. Diese Bewegungen haben sich ab Mitte der 70er Jahre in den USA gebildet und fassen jetzt auch in Deutschland Fuß. Ein Beispiel hierfür sind diejenigen freikirchlichen Gruppierungen, für die die Kraft des Heiligen Geistes zentral im Mittelpunkt steht, für sie sichtbar z. B. in Form des „Toronto-Segens", der auch in Deutschland Einzug gehalten hat. Bei diesen Gemeinden wird der Heilige Geist sozusagen „erwartet" und für die Gemeindemitglieder unmittelbar in den Sitzungen erfahrbar, ganz im Sinne der Pfingstbewegungen.

Neben den gutorganisierten religiösen Sekten und Psychokulten gibt es einen breitgefächerten Markt an neuen und alternativen Heils- und Heilungsrichtungen, wobei Aberglauben, Astrologie und eine Vielzahl von magisch-mystischen „Methoden" (z. B. Tarot, Aura-Lesen, Chiromantie, Runen-Legen, „Lichtarbeit", Ennagramm, um nur einige der wichtigsten zu nennen) in der Esoterikszene angeboten werden. Intellektuelle Sympathisanten, die sich dieser Angebote bedienen, stehen oft der New-Age-Bewegung nahe. Hierauf soll später noch näher eingegangen werden. Dem Interessierten seien jedenfalls die beiden oben genannten Handbücher sowie der Esoterikführer von *Luczyn* (1993) empfohlen.

1. Begriffsbestimmung des Wortes „Sekte“

Das Wort Sekte entstammt dem lateinischen Wort *secta* (Richtlinie) und meint gemäß Brockhaus: „die anfänglich wertungsfreie Bezeichnung politischer, philosophischer und religiöser Einzelgruppen“. Sekten gab es in allen großen Religionen (z. B. die Samariter und Essener im Judentum, im Islam die Wahabiten etc.). Im Duden wird ausgeführt: „Im allgemeinen sind die Sekten von einem Bewußtsein der Gefährdung durch die religiöse und allgemeine Umwelt gekennzeichnet, zum Teil aufgrund tatsächlicher Verfolgung oder mangelnden Prestiges; in der Folge entstehen Introvertiertheit, Abwehrhaltung sowie die Ideologie der elitären Minderheit, die sich in exklusivem Besitz der Wahrheilt fühlt. Dieser bezieht sich auf verschiedene Inhalte: Priesteramt und Ämterhierarchie, Freiwilligkeitscharakter, charismatische Fähigkeiten, Sakramente, Gottesdienst, Askese, ethischer Rigorismus, Gemeindezucht, Erwählungsgewißheit, rechtes Schriftverständnis usw.“

2. Vom Wesen der Sekte

Alle Sekten decken, bewußt oder unbewußt, bestimmte religiöse Defizite der Ausgangsreligionen ab. Für die Inhalte der Glaubenslehre der Sekte wird meist die Wiederentdeckung des Ursprungsinnes der Ausgangsreligion behauptet. Dies führt in der Sekte zu einer eigenen Sicht der entsprechenden Heilsgeschichte und der religiösen Stifteridee. Die Lehrsysteme der Sekten sind oft sehr anschaulich und einfach aufgebaut, heilsnotwendig ist jedoch die enge Bindung des einzelnen an die Gruppe und an den entsprechenden Führer.

Die Entwicklung des Sektierertums und der immer wieder neuen Aufspaltungen wirft die Frage auf, ob nicht – im Sinne einer evolutionären Entwicklung – Sektenbildungen geradezu notwendig sind, soll der Glaubensinhalt der Religionen nicht erstarren, zumal die Kulturen ja selbst eine Entwicklung durchlaufen und sich damit zwangsläufig die religiösen Glaubensinhalte dem jeweiligen kulturellen Weltbild anpassen müssen. *Michael Lukas Möller* (1979) hat die *Folie á deux*, den Wahn zu zweit, als die „Sektenform" eines Paares beschrieben. Er prangert an, daß wir den Sekten vorhielten, sie würden sich fälschlicherweise als Mittelpunkt des Weltgeschehens empfinden, und dabei blind seien für unser eigenes Sektentum. Schuld daran sei unser natürlicher Narzißmus, der verhindere, daß wir uns selbst relativieren und unseren Egozentrismus aufgeben können. Würden wir unsere eigene Sektenzugehörigkeit anerkennen, könnten wir aber auch den anderen ihre Sektenhaftigkeit nicht mehr vorhalten. Für *Möller* ist nicht der Inhalt das Wesentliche für die Struktur einer Sekte, sondern die absolute Bindung an die Gruppe: Entscheidend sei eine besondere Qualität der Beziehung zu einem Lebenskonzept, „die Ausschließlichkeit, die unerschütterliche Treue, die Bedingungslosigkeit, der stille oder laute Fanatismus, kurz, die Intensität der Bindung". Ein zweites Merkmal charakterisiert nach *Möller* die Sekte zusätzlich: Die Tatsache nämlich, daß die Auffassungen und Glaubenssätze eine umschriebene, begrenzte Einheit darstellen. Seiner Auffassung nach handelt es sich um ein geschlossenes, weniger um ein offenes System.

Unter entwicklungspsychologischer Sicht ist das Mutter-Kind-Verhältnis oder die Mutter-Kind-Dyade eine „Mutter-Kind-Sekte", vergleichbar der Verliebtheit zweier Menschen. *Moeller* ist zuzustimmen, daß das „Ungeheuer an Absolutheit" ein Markenzeichen jeder Sekte ist. Diese Absolutheit schlägt sich nieder in der absoluten Bindung, in einer ungleichgewichtigen Rollenverteilung (Sektenführer auf der einen Seite und Anhänger auf der anderen Seite) sowie im Ausbau einer gemeinsamen, unumstößlichen Wirklichkeit. Sektenmitglieder fühlen sich auserwählt, hervorgehoben und gerettet. Diese „Rettung" bezieht sich auf eine Katastrophe, die alle Nichtsektenmitglieder trifft (Strafe Gottes, Weltuntergang etc.) oder noch treffen wird. Das Gefühl des Auserwähltseins führt bei den nicht zur Sekte gehörenden Menschen zu einer Neidproblematik und zur Überzeugung, die Sektenmitglieder seien von Hybris gekennzeichnet, seien deswegen abzulehnen oder gar zu verfolgen. Diese Marginalisierung führt zu einem noch engeren Gruppenzusammenhalt unter den Sektenmitgliedern und zu einer Bestätigung ihres Feindbildes: Das Heil liegt in der Gruppe, das Unheil in der Außenwelt. Damit gehorcht aber jede Sekte einem gruppendynamischen Prozeß und Gesetz: Indem es gelingt, Aggressionen nach außen in die Umwelt zu projizieren, wird eine relativ harmonische Gemeinschaft in der Gruppe damit erst möglich. In der Gruppe aufkommende Aggressionen und Rivalitäten werden also nach außen projiziert.

Wenn im folgenden von Sekten die Rede ist, so bezieht sich dies ganz allgemein auf traditionelle religiöse Sondergemeinschaften, auf okkulte, magisch-mystische und freireligiöse, lockere Gruppierungen ebenso wie auf esoterische Zirkel des New Age.

II. Die verletzliche Entwicklungsphase der Pubertät und Adoleszenz

Im folgenden sollen wesentliche Besonderheiten des „Wetterwinkels" Pubertät und Adoleszenz unter entwicklungspsychologischen Aspekten beleuchtet werden, soweit sie bedeutsam sind für die besondere Verwundbarkeit der jugendlichen Psyche und ihre Hinwendung zu Sekten. Die Entwicklung des Säuglings zum Erwachsenen kann unter psychomotorischen und psychosozialen Gesichtspunkten betrachtet werden. Es liegt demzufolge auch nahe, die religiöse Entwicklung in Entwicklungsstufen zu berücksichtigen. Schließlich sollen dann die Wünsche jugendlicher Menschen nach Evidenz und Grenzerfahrungen beleuchtet werden, da Religiöses sich in Form des Numinosen, Fremden und Andersartigen kundtut.

1. Psychodynamische und intrapsychische Aspekte der Pubertät und Adoleszenz

„Gute Jugend glaubt, daß sie Flügel habe und daß alles Rechte auf ihre herbrausende Ankunft warte, ja erst durch sie gebildet, mindestens durch sie befreit werde. Mit der Pubertät beginnt das Geheimnis der Frauen, das Geheimnis des Lebens, das Geheimnis der Wissenschaft." Dieses Zitat von *Ernst Bloch* aus „Prinzip Hoffnung" (1959) leitet zu einer zentralen Frage des Menschseins schlechthin über, nämlich zu der Frage: „Wer bin ich?" Es ist dies das Rätsel der Sphinx, mit dem der Mensch zum ersten Mal in der Pubertät konfrontiert wird. Lassen wir uns erinnern: Die Sphinx saß auf dem Berg Phikion und gab den thebanischen Jünglingen ein Rätsel auf. Wer das Rätsel nicht zu lösen vermochte, wurde von ihr verschlungen. Als Ödipus nach Theben kam, trat er der Sphinx entgegen und hörte sich das Rätsel an: „Was läuft am Morgen auf vier, am Mittag auf zwei und am Abend auf drei Beinen und ist am schwächsten, wenn es auf den meisten läuft?“ Ödipus antwortete richtig: „Es ist der Mensch, der als Kind auf allen vieren kriecht, als Erwachsener auf zwei Beinen geht und sich im Alter auf einen Stock stützt.“ Darauf stürzt sich die Sphinx in den Abgrund, und Ödipus heiratet Iokaste, seine Mutter.

Was hat nun dieser griechische Mythos mit der Adoleszentenproblematik zu tun? Der äußeren Ablösungs- und Trennungsproblematik von den Eltern in der Pubertät entspricht eine innere Auseinandersetzung mit den Eltern-Imagines, die *Erich Neumann* (1954) als symbolischen Kampf mit dem Drachen umschrieb. Mutter-Überwindung oder Mutter-Tötung ist die eine Seite des Mythos vom Kampf des Helden mit dem Drachen. Die andere ist der Vater-Mord bzw. die Kastration des Vaters (*Remmler*, 1988). Gemeint ist damit die Auseinandersetzung mit den unbewußten, sogenannten „Es“-Anteilen, mit der Sexualität. Diese Entwicklungsphase entspricht der „Nachtmeerfahrt“ eines Helden. Erinnert sei an den Argonautenzug in der griechischen Mythologie, an Jason, der auszog, das Goldene Vlies zu suchen, und dazu die Gleichaltrigen- oder Peer-Gruppe benötigte; d. h. jene Helden und Mitstreiter, die mit ihm auf seinem Boot Argo in unbekannte Gewässer vorstießen (Nachtmeerfahrt). Damit aber wird die Pubertät zum eigentlichen Beginn der bewußt erlebten Individuation. Das Geheimnis der Sphinx erweist sich als das Geheimnis des Menschen schlechthin: Der Mensch ist die Sphinx selbst; mithin ein Wesen aus Unbewußtheit und Bewußtheit, eine Amalgierung aus Animalität und Vernunft, versinnbildlicht in dem Tier-Mensch-Wesen, wobei der Kopf – als Zeichen der Bewußtheit – stets als menschliches Antlitz dargestellt wird, der Leib hingegen als Tierleib, verwurzelt im Animalischen. Das vermännlichte Ich des Helden tritt dem Drachen des Unbewußten gegenüber, und der drachentötende heilige Georg wird damit zum Symbol des Jugendalters. Als Überwinder der Furcht vor dem Weiblichen, vor dem Abgrund, dem Urschoß und der Gefahr des Unbewußten, in die er hineingeht, vermählt sich der siegreiche Held mit ihr, der Großen Mutter, die Jünglinge zu kastrieren und – in ihrer Rolle als Sphinx – umzubringen pflegt. Es geht also in der Pubertät vor allem um die Auseinandersetzung mit den verinnerlichten Eltern-Bildern, um die Auseinandersetzung mit dem „guten und dem bösen Aspekt der großen Mutter“, um den „verfolgenden und um den helfenden Vater“ (*Klosinski*, 1991).

Unter entwicklungspsychologischen Aspekten besteht die Aufgabe der Adoleszenz u. a. in der inneren und äußeren „relativen“ Ablösung von den Eltern, tiefe und tragende Beziehungen zu Gleichaltrigen beiderlei Geschlechts einzugehen, sich in die Arbeitswelt der Erwachsenen einzufügen und ein eigenes Wert- und Moralsystem aufzubauen. Die Rebellion gegen das Althergebrachte stellt das bisherige Wert- und Moralsystem der Eltern in Frage. Aber während bei den Initiationsriten der Naturvölker durch das Zeichen am Körper des Jugendlichen seine Integration in die Erwachsenenwelt deutlich wird, sozusagen allen unübersehbar sichtbar gemacht, möchte der heutige Jugendliche in unserer modernen Gesellschaft, daß man an seinem Körper und an seinem Äußeren seine Distanz gegenüber der Erwachsenenwelt ablesen kann! *Bucher* und *Pohl* (1986) sprachen von der „optischen Frechheit“, mit der die Inszenierung der Jugendlichenrebellion vorgenommen wird, ausgetragen auf ihrem eigenen Körper und an ihrer Kleidung. Haartracht, Kleidung und Körperausdruck, die eigenwillige Verwendung von Attributen und Symbolen, ihre Veränderung und Entfremdung suchen verzweifelt einen stetig neuen Entwurf von Sprache, Gestik und Erscheinung, um zu signalisieren: „Wir, die Jugend, wollen anders sein, anders leben. Wir machen uns unsere Kultur selbst und setzen uns von der Erwachsenenwelt ab.“ Die Jugendlichen in unserer Gesellschaft stehen geradezu unter Zugzwang, in einer Jugendkultur leben zu müssen, quasi in einer Art Dauer-Workshop, in dem man immer etwas Neues bringen muß, um „in“ zu sein. Der Trend heißt Selbstmodellierung, auffallen gegenüber der Erwachsenenwelt, sich absetzen, sich abtrennen, ohne aus der Peer-Gruppe (Gleichaltrigengruppe) herauszufallen. Ziel ist es mitunter, vom individuellen Nobody zum auffällig uniformen Kleingruppenstar emporzusteigen, möglichst jedoch in einem Gruppengefühl aufzugehen und gleichzeitig so ganz anders und doch ganz gleich wie die anderen zu sein.

Pubertät als Entwicklungsphase bedeutet vermehrter Hunger nach Sinngebung und sinnlich-leibhafter Erfahrung. Und so, wie die traditionellen Pubertätsriten Sinngebung und Sinnstiftung bewirken, müssen alle Hilfestellungen für unsere Jugendlichen dem Verlangen nach Sinngebung Rechnung tragen. Hierin liegt eine Gefahr, aber auch eine Chance. Sekten und Psychokulte bieten Sinngebungsmodelle an. Hiervon wird noch später die Rede sein. In unserer modernen westlichen Welt gibt es keine tradierten wichtigen Pubertäts- und Initiationsriten, die den Eintritt in eine neue Welt (Erwachsenenwelt mit Statussymbol) gewährleisten würden. Allenfalls der Führerschein oder die Zigarette sind entsprechende Statussymbole des Erwachsenseins. Viele Jugendliche erleben den Übertritt vom Kindes- ins Jugendalter keineswegs als kollektives Geschehen, sondern überwiegend als individuelle Krise, in die sie einfach hineingeraten. Sie sind aufgefordert, sich die Erwachsenenwelt individuell zu erschließen, und bedienen sich individueller Protestlarven, die den jugendlichen Subkulturen entlehnt sind. Überdies liefert die Unterhaltungsindustrie präformierte, oppositionelle Posen, Haltungen und Einstellungen, die gerade „in“ sind. Der Ort, an dem sich heute die Initiationsäquivalente unserer Jugend abspielt, ist die Unterhaltungsindustrie, die ständig der Frage nachläuft: Wann kommt eine neue Bewegung und bringt den neuen Stil?

Die Pubertät und Adoleszenz gleicht also einer krisenhaften leibseelischen Metamorphosephase, in der die Kunst der Lebensbewältigung in viele Richtungen ausprobiert wird und von den Eltern zugelassen werden muß. Zugegebenermaßen ist dies eine Kunst, die erst erworben sein will, und die sich im Vermögen, in Bindungen leben zu können, auszeichnet, ohne in diesen Bindungen zu erstarren.

Wir Erwachsenen projizieren allgemeine, für uns schon immer bestehende Problembereiche auf die Jugendlichen, obwohl wir in unserer eigenen Jugend mit genau denselben Problemen konfrontiert wurden. Ich denke dabei an sechs Dimensionen menschlicher Existenz, die in Gegensatzpaaren auftreten und zwischen denen der Jugendliche seinen Weg finden muß. Es sind dies, in Anlehnung an *Wilson* (1971) und *Erikson* (1963), die Polaritäten: Abhängigkeit versus Unabhängigkeit; Omnipotenz versus Impotenz (Macht versus Ohnmachtsproblematik); Passivität versus Aggressivität; Altruismus versus Narzißmus; Identität versus Identitätsdiffusion (Feminität versus Maskulinität) und Rationalismus versus Irrationalismus (Religiosität versus Areligiosität). Da nun aber der Erwachsene unserer Tage gleich einem Pubertierenden in eine Wert- und Gewissenskrise hineingeraten ist und sich sowohl in seinem Selbstverständnis als auch in seiner Identität zunehmend verunsichert fühlt, kann er immer weniger seiner Aufgabe genügen, Vorbild und Autorität zu sein. Es lassen sich insofern zahlreiche Verhaltensauffälligkeiten Jugendlicher nicht allein aus den psychodynamischen und psychopathologischen Aspekten intrapsychischer Veränderungen erklären, sondern sie müssen vor dem Hintergrund der Identitätskrise des bedrohten Menschen unserer Zeit gesehen werden, die die Krise der Jugend mitbedingt, unterhält und verlängert. Insofern ist die Verunsicherung des heutigen Menschen unserer Gesellschaft ein Spiegelbild der Adoleszentenkrise und umgekehrt (*Klosinski*, 1983).

In der Zeit der Pubertät als einer Übergangszeit bedarf der Jugendliche nicht nur der Gleichaltrigengruppe, sondern auch der Eltern, Freunde und „Neben-Eltern". Dies kann eine Großmutter, ein Großvater, eine Lehrerin oder ein Lehrer sein. Der Jugendliche bedarf eines Mentors (*Klosinski*, 1985) besonders deshalb, weil gesellschaftlich verankerte Initiationsriten in unserer Gesellschaft nicht mehr vorliegen. Zusammenfassend läßt sich also feststellen, daß eine in der spezifischen Ablösungsphase der Pubertät und Adoleszenz begründete Oppositionshaltung gegenüber den Eltern in Kombination mit der Suche nach Ersatzeltern, nach neuen Wert- und Moralvorstellungen sowie das Streben nach intensiven Beziehungserfahrungen mit dazu beitragen, daß Jugendliche in Krisensituationen besonders empfänglich für Sinnangebote und alternative religiöse Weltdeutungen sind, wobei ihre Fähigkeit zur Idealisierung, ihr Hang zur narzißtischen Selbstüberschätzung und ihre Tendenz, die Eltern provozieren zu müssen, ineinander übergehen. Ein häufig vorhandenes Neugierverhalten und eine große Bereitschaft zum Experimentieren und Ausprobieren machen den Jugendlichen zusätzlich empfänglich für entsprechende Angebote aus dem Bereich der religiösen Alternativszene.

2. Religiöse Entwicklungsstufen und die Funktion der Religiosität hinsichtlich Sinnfindung und Sinnkonstruktion

Der Entwicklungspsychologe *Flammer* (1994) versteht unter Religiosität „das Gesamt der Lebenspraktiken und der entsprechenden Einstellungen, sofern sie explizit auf einer Beziehung zu übernatürlichen Mächten beruhen". Diese übernatürlichen Mächte seien den Menschen meistens überlegen und könnten Dinge, die wir nicht oder nicht so gut beherrschten wie sie. Religion diene demzufolge zur Kontrolle des Unkontrollierbaren. Es soll hier die bekannteste religionspsychologische Theorie religiöser Entwicklung, die von *Fowler* (1981) stammt, kurz skizziert werden. *Fowler* unterscheidet aufgrund der von ihm durchgeführten Interviews zur Religion folgende sieben Stufen religiöser Entwicklung:

Stufe 1: *Glaube als Urvertrauen (primal faith):* Dieser bestehe und entstehe aus den Grunderfahrungen des Aufgehobenseins und des bedingungslosen Angenommenseins, des elementaren Gebens und Nehmens in den ersten Lebensmonaten. (Diese erste Form des Glaubens erinnert an die Entwicklungsstufe des Urvertrauens von *Erikson*, 1959.)

Stufe 2: *Intuitiv-projektiver Glaube (intuitive-projective faith):* Das Kind, ab dem 2. Lebensjahr, projiziere seine Gefühle, Ängste und Hoffnungen in (Gottes-) Bilder, Symbole, Rituale und Geschichten. Das Kind entwerfe spekulative Deutungsversuche in der Phase des magischen Denkens, der Einbildungskraft und Imagination.

Stufe 3: *Buchstaben-Glaube (mythic-literal faith):* Auf dieser Glaubensstufe sei Glaube wie Schulwissen eingeordnet in das schulkindliche Zeit-Ort-Mengen-Kausalitäts-Schema. Jetzt sei es möglich, Wirklichkeit und Phantasie zu unterscheiden. Die Weltsicht muß rational begründet sein. So muß es z. B. jemanden geben, der für die Erschaffung der Dinge verantwortlich ist. Das Kind entwickele das Interesse am Gedanken von Geburt und Tod.

Stufe 4: *Synthetisch-konventioneller Glaube (synthetic-conventionale faith):* Die Fähigkeit, Standpunkte und Perspektiven anderer zu verstehen sowie logisch-abstrakt zu denken, führe zu einer Relativierung des bisher Geglaubten. Es wachse das Interesse an anderen, an Begegnung und damit auch der Wunsch, mit Gott eine persönliche Beziehung aufzubauen.

Stufe 5: *Persönlich reflektierter Glaube (individual-reflectiv faith):* In dieser Stufe verlören Symbole und Rituale ihre Bedeutung.

Stufe 6: *Persönlicher Glaube (conjunctive faith):* Die Konfrontation mit Widersprüchen führe zu einer Neuintegration. Man akzeptiere, daß man gleichzeitig jung und alt sei, männlich und weiblich, gut und böse. Diese dialektische Versöhnlichkeit finde ihren Ausdruck in wiederentdeckten oder neuen Symbolen, Riten und Traditionen.

Stufe 7: *Universalisierender Glaube (universalizing faith):* Polaritäten, die in der Stufe 6 akzeptiert und aufgenommen wurden, würden in einer Einheit mit Gott aufgehoben.

Dieses Stufenmodell religiöser Entwicklung, dies muß betont werden, ist natürlich einerseits schematisierend, ordnend, in gewisser Weise auch ein Konstrukt. Andererseits weist es aber darauf hin, daß religiöser Glaube und religiöse Gottesbilder einem lebenslangen Entwicklungsprozeß unterliegen, sich ständig ändern, ja ändern müssen, sollen es lebendige Bilder sein, die nicht erstarrt sind, sondern etwas bewegen und voranbringen sollen. Es ist anzunehmen, daß nicht wenige, auch junge Menschen auf den *Fowlerschen* Stufen 3, 4 oder 5 „verweilen", sich in ihrer religiösen Welt „eingenistet" oder „eingemauert" haben, ganz entsprechend ihrer jeweiligen Persönlichkeitsentwicklung.

Es sind jedoch noch weitere Erklärungsmodelle zu berücksichtigen. Der Religionspädagoge *Nipkow* (1987) formulierte in bezug auf die Gotteserfahrung unserer Kinder und Jugendlichen: „Gott ist für Kinder ein zwischenmenschliches Geschehen, ein emotionales Ereignis, eine sprachliche Entdekkung, eine Gewissensangelegenheit und eine intellektuelle Herausforderung. Das hauptsächliche Medium hierbei ist die Phantasie, die Einbildungskraft ... Der im Kindergarten, Kindergottesdienst und Grundschulreligionsunterricht weitergegebene christliche Gott, der offizielle Gott der kirchlichen Überlieferung, trifft auf einen in der Regel längst in der Phantasie ausgebildeten ‚privaten' Gott des Kindes." Für *Nipkow* ist im Kindesalter die Gotteserfahrung auf höchst komplexe Weise aus realer und imaginierter Erfahrung zusammengesetzt. Die Gottesfrage ist für ihn im Jugendalter an die in der Jugendzeit potentiell aufbrechende Sinnfrage gekoppelt, so daß es hier in aller Regel zu einer Erschütterung des Jugendlichen in seinem Gottesbild kommt. Der Jugendliche möchte Gott persönlich spüren und als Handelnden erfahren, Gott soll Macht haben, mehr Macht noch als die Eltern, er soll der Garant für das Gute sein. *Nipkow* ist der Auffassung, daß der Verlust des Glaubens an Gott bei den Jugendlichen Enttäuschung über Gott als Helfer ist: Die Theodizee-Problematik (Rechtfertigung Gottes) ist seiner Auffassung nach die erste und wahrscheinlich größte Schwierigkeit in der Gottesbeziehung überhaupt.

Der Religionspsychologe *Bernhard Grom* (1994) verbindet mit Religiosität das Streben nach positivem Selbstwertgefühl. Religiosität könne demnach auch wie folgt umschrieben werden: „Religiosität als instinkthaftes Suchen nach Schutz, Religiosität als Hoffnung auf Unsterblichkeit, als Zwang und regressiver Wunsch nach dem Schutz eines allmächtigen Vaters und Religiosität als Geborgenheit bei einem mütterlichen und väterlichen Gott, Religiosität als Bereitschaft zu neugier-, kontroll- und selbstwertmotivierenden Erklärungen sowie Religiosität, verwurzelt in Wünschen, in Werten und in der Frage nach dem Sinn des Ganzen."

Der Psychiater und Psychotherapeut *Guntrip* (1968) unterstellte, daß religiöse Erfahrung dieselbe „Sache" sei wie eine persönliche Beziehungserfahrung. Bereits 1932 beschrieben *Harald* und *Kristian Schjelderup* drei Grundformen religiöser Einstellung, die sich auch von den Beziehungen zu den Eltern ableiten lassen: Sie sprachen von der Vater-Religion, Mutter-Religion und Selbst-Religion. Bei der Mutter-Religion werde die Mutter als Quelle von Sicherheit und Zufriedenheit sowie der Empfindung des Geborgenseins und des Vereintseins erlebt. In der Mutter-Religion finde man einen religiösen Erlebnistyp vor, mit der Tendenz zu mystischer Gottesvereintheit. Bei der Vater-Religion hingegen herrschten Schuldbewußtsein, Angst und das Verlangen nach Sühne und Unterwerfung vor. Bei der dritten Form komme es zu einer eigentümlichen Phantasie von eigener Göttlichkeit, die einer kindlichen Selbstherrlichkeit entspreche und verbunden ist mit Eigenüberschätzung, Egozentrizität und Größenwahn.

In bezug auf die Funktionen der Religion formulierte 45 Jahre später *Bell* (1977), es werde in Zukunft drei unterschiedliche, ernstzunehmende Formen religiösen Glaubens geben:

1. Die moralisierende Religion: ein fundamentalistischer Glaube, evangelikal, den Menschen in Zucht nehmend, seine Sündigkeit betonend. Sie sei eine Gegenbewegung gegen den Modernismus, gegen die völlige Entbindung des Individuums, eine Religion für den einfachen Menschen, der sich vom heutigen Seelsorger im Stich gelassen fühle.

2. Die redemptive Religion, d. h. eine Religion, die erlösend, wiedergutmachend, sühnend und freisprechend sei, sowie schließlich
3. die mythisch-mystische Religion.

Bezieht man diese Vorstellungen und Theorien religiöser Entwicklungsstufen auf das Jugendalter, so läßt sich unter entwicklungspsychologischen Aspekten sowie aufgrund von psychotherapeutischen Beratungsgesprächen mit Jugendlichen feststellen, daß Jugendliche und Heranwachsende im Sinne der religiösen Entwicklungsstufen-Abfolge von *Fowler* am Übergang der Stufe 4 zur Stufe 5 stehen: Der Wunsch, eine persönliche Beziehung zu Gott zu erfahren, Gott zu erleben, ihn zu spüren, ist bei Jugendlichen häufig vorhanden. Die Hinwendung zur Gleichaltrigengruppe und die Auffassung in der Gruppe über religiöse Fragen bestimmen jetzt sehr stark die Einstellung des Adoleszenten zum Glauben. Dies bezieht sich besonders auf die nach außen hin mitgeteilte, öffentliche Religiosität, die abgestimmt wird auf die Meinung der Peer-Gruppe, während die ganz persönliche Auffassung häufig zurückgehalten wird. Wenn zahlreiche religiöse Führer und Gurus ihre Anhänger dazu ermuntern, mit dem lebenden Meister eine persönliche „Liebesbeziehung" einzugehen, dann kommt dies dem Wunsch von Jugendlichen dieser Altersstufe nach Erfahrung des Religiösen in einer Beziehung sehr entgegen; zumal Gott nun nicht nur abstrakt und weit entfernt erlebt wird, sondern über den Meister „anschaulich" ist und gleichzeitig doch weit genug entfernt, um nicht in einer Realbeziehung von ihm enttäuscht zu werden. Die Neigung des Jugendlichen zur Idealisierung und das Aufleben narzißtischer Größenphantasien fördern darüber hinaus Verschmelzungsideen, wie sie insbesondere die mythisch-mystischen Religionsformen anbieten.

3. Allgemeine Grundbedürfnisse und typische emotionale Reaktionsweisen in der Adoleszenz

Maslow (1954) stellte eine hierarchische Klassifikation von Bedürfnissen fest, deren Befriedigung im Laufe der Entwicklung vom Kind zum Erwachsenen eingefordert wird: physiologische Bedürfnisse, Sicherheitsbedürfnisse, Besitz- und Liebesbedürfnisse, Statusbedürfnisse oder Bedürfnisse nach Achtung und Bedürfnisse nach Selbstverwirklichung und Eigenentwicklung. *Garrison* und *Garrison* (1975) leiteten, von *Maslow* ausgehend, folgende Bedürfnisse für die Adoleszenz ab:

1. Physiologische Bedürfnisse: Es steht das Bedürfnis nach körperlicher und sexueller Betätigung sowie der Wunsch nach Anerkennung der eigenen körperlichen Bedürfnisse im Vordergrund.
2. Sicherheitsbedürfnis: Die durch die körperliche und seelische Reifung bedingten Veränderungen akzentuieren den Wunsch nach Sicherheit. Letztere wird weniger innerhalb der Familie, sondern eher in der Gruppe Gleichaltriger gesucht.
3. Unabhängigkeitsbedürfnis: Durch den Zuwachs an kognitiven Möglichkeiten, verbunden mit gesellschaftlichen Erwartungen in dieser Altersstufe, setzt ein Unabhängigkeitsdrang ein, der gepaart ist mit Widerstand gegen alles Herkömmliche, gegen Autoritäten sowie der Tendenz, Normen, Regeln und Gewohnheiten in Frage zu stellen.
4. Gleichzeitig wächst das Bedürfnis nach Zugehörigkeit und Zuneigung, was u.a. ein Ergebnis der verstärkten Fähigkeit zur Introspektion ist. Das Streben nach Autonomie führt vielfach zu einer Isolierung des Jugendlichen, was wiederum sein Bedürfnis nach Liebe und Zuneigung mobilisiert. Gefühle der Einsamkeit, des Nichtverstandenwerdens machen sich bei ihm breit.
5. Ein Leistungsbedürfnis und der Wunsch, gebraucht zu werden, etwas bewirken zu können, sind entweder offen oder verdeckt ein wesentlicher Zug des jungen Menschen.

6. Das Bedürfnis nach Selbstverwirklichung und Ich-Entwicklung in der Adoleszenz ist in allen Kulturen sichtbar. Diese Motivation korreliert in hohem Maße mit der Entwicklung eines günstigen, für die Ich-Entwicklung bedeutsamen Selbstkonzeptes.

Typische emotionale Reaktionsmuster in der Adoleszenz sind Impulsivität und emotionale Instabilität, die bedingt werden durch das Wahrnehmen neuer Gefühle, die aber noch keine adäquaten Ausdrucksformen oder Bezugspunkte aufweisen. Jugendliche und Adoleszente neigen zum Experimentieren, zum Ausprobieren, sind risikofreudig und wollen Grenz- und Tiefenerfahrungen, sogenannte Peak-Experiences, erleben. Sie lassen sich dabei durch Mitglieder ihrer Clique sehr leicht beeinflussen, wie der Drogenkonsum von Jugendlichen deutlich macht. Der Hang zum Ausprobieren, zum Erleben des Außergewöhnlichen, Noch-nie-Dagewesenen kommt gelegentlich einer Selbstinitiation gleich, wie dies auch bei Selbstverstümmelungen und Suizidversuchen der Fall sein kann (*Klosinski*, 1979).

Diese besonderen Grundbedürfnisse und Erlebnisweisen Heranwachsender haben zur Folge, daß bestimmte Formen von „Erlebnisreligionen“ für Jugendliche und Adoleszente besonders attraktiv sind: Wenn in Sekten und Psychokulten Körpererfahrung, Tanz und Meditationen vorkommen und wenn religiöse Erfahrung „zum Anfassen“ des Gegenüber führt, dann ist dies besonders attraktiv für Jugendliche. Dies drückt sich auch darin aus, daß religiöse Themen in Form von populären religiösen Liedern bei jungen Menschen besonders gut ankommen: Nicht nur White-Metal-Gruppen beweisen dies, sondern auch der Zulauf zur spirituellen Musik innerhalb der Rockszene ganz allgemein. Das Thema Religion nimmt in den Texten der Rockmusik seit ihrem Aufkommen Mitte der 50er Jahre einen breiten Platz ein, wobei es insbesondere um die sogenannte „religiöse Selbstsuche bzw. Selbstverwirklichung“ geht. Gerade die Musik ist ein Vehikel ganz besonderer Art, das es dem Jugendlichen ermöglicht, seinen neuen Gefühlen Ausdruck zu verleihen. *Georg Schmid* (1987) formulierte vor diesem Hintergrund: „Die jugendliche Religion ist ein Plädoyer für ein Kennenlernen des Unbekannten, für ein Vertrautwerden mit dem eigenen, inneren Geheimnis. Die Religion des jungen Menschen ist Liebe zu seinem Selbst, das er noch nicht kennt.“ Papst Johannes Paul I. soll formuliert haben: „Wahre Musik ist die Versöhnung mit Gott“, wobei er den platonischen Gedanken der Versöhnung von Körper, Seele und Natur mit den Göttern durch Musik bestätigt.

III. Freie Religiosität, Spiritualität sowie Aspekte des Magischen und Okkulten in unserer Gesellschaft

„Religion ist Privatsache, vor allem in dem Sinne, daß die religiöse Einstellung für das öffentliche Leben und für den Alltag irrelevant bleibt" (*Kentler*, 1963).

„Wir haben Angst davor, unsere eigenen Erfahrungen auszusprechen, und vor allem haben wir Angst, die wichtigste Sprache menschlicher Erfahrung, die religiöse Sprache, zu gebrauchen. Lieber verleugnen und verdrängen wir uns selber und vervielfachen die eigene Sprachlosigkeit, als daß wir uns ausgerechnet von der Religion ‚das Hemd ausziehen ließen'" (*Sölle*, 1976).

Diese beiden Zitate umschreiben bereits die Problematik unserer heutigen gesellschaftlichen Wertekrise, die natürlich auch die religiöse Dimension erfaßt hat. Die rasanten Kirchenaustritte der letzten Jahre und die Zunahme religiöser Sinnanbieter in Form von religiösen Neugruppierungen und Sektenbildungen haben dazu geführt, daß von einer religiösen Anarchie der Gegenwart gesprochen wird. Von einer Patchwork-Religiosität ist die Rede, und es wird gefragt, ob diese Form der freien Religiosität der Vorbote einer letzten religiösen Welteinheit sei (*Schmid*, 1992). Wird eine der bisherigen großen Religionen alle anderen verdrängen oder in sich aufgehen lassen (im Hinduismus sind Buddha und Christus bekanntlich eine Reinkarnation Krishnas)? Wird ein vom Islam geprägter neuer Weltstaat die religiöse Anarchie der Gegenwart beenden? Unsere Jugendlichen und Adoleszenten sehen sich hineingestellt in eine Gesellschaft, deren Traditionen mit ihren bisherigen Werten einem schnellen Wandel unterliegt: Nichts von gestern hat mehr Gültigkeit, alles wird hinterfragt, alles ist offen, selbst die Religion wird zur „unsichtbaren Religion" (*Luckmann*, 1967). Sekten und neureligiöse Gruppierungen konkurrieren auf dem

Supermarkt des Religiös-Magisch-Mystischen mit spiritistischen und okkulten Zirkeln. Welche Bedeutung Sekten für die Psyche Jugendlicher zugemessen werden muß, kann deshalb nur vor dem Hintergrund der religiösen Szene, in der sich die Jugendlichen bewegen, erfolgen.

1. Freie Religiosität – Religion ohne Institution

Eine „Individualisierung" der Religion innerhalb der neuzeitlichen Entwicklung des Christentums in ein kirchliches, gesellschaftliches und privates Christentum hat es wohl schon immer gegeben. In den letzten Jahrzehnten entstand aber eine immer größere Kluft zwischen dem institutionalisierten Christentum und einer nur der unmittelbaren Erfahrung verpflichteten Spiritualität. Einerseits läßt sich ein „Ausbluten" und eine Verknöcherung kirchlicher Institutionen feststellen, andererseits aber auch eine erfahrungsnahe, freie Religiosität, innerhalb derer es zu spontanen Formen des religiösen Selbstausdrucks kommt, die verbunden ist mit tiefer Sehnsucht nach Sinngebung, ganzheitlicher Selbsterfahrung und Selbstverwirklichung. Dabei werden von jungen und heranwachsenden Menschen verschwommene, aber mit intensiven Empfindungen wahrgenommene Bilder des Göttlichen auf zumeist fremde Religionen projiziert. Daher die so oft verwendeten Begriffe von „Patchwork-Religiosität", vom „multireligiösen Supermarkt", von einer Hinwendung zu einer gefühlsorientierten Religion, von „Wegwerf- und Freizeitreligionen". Der neue religiöse Weg sei der Traum von einer Theologie, die das Weibliche, die Natur, die Evolution, die anderen Religionen und die mystische Erfahrung einbeziehe (*Seewald*, 1992). Bereits die Titelformulierungen zahlreicher Bücher (Religion ohne Institution? – *Barz*, 1992; Erwachsenwerden ohne Gott? – *Nipkow*, 1987) zeigen, daß die religiöse Frage trotz der Kirchenaustritte keineswegs ad acta gelegt ist. Das Thema „Gott" und Religion vermag noch umzutreiben. Für viele Menschen aber ist die Gottesfrage von der biblisch-christlichen Überlieferung abgekoppelt. Insbesondere Jugendliche fragen noch nach Gott, aber die christlichen Antworten fallen ihnen nicht mehr ein (*Nipkow*, 1986).

Die Relativierung von Kirche und Religion für die eigene Lebenspraxis zeigt sich auch am dramatischen Absinken des Gottesdienstbesuches: Katholiken besuchten 1952 zu ca. 52 % regelmäßig den Gottesdienst, 1973 zu 35 %. Für die evangelische Bevölkerung lauten die Zahlen: 1952 13 %, 1973 7 %. Nach 1973 setzte sich, allerdings nur für die jüngere Generation, dieser Auszug aus den Konfessionen weiter fort: Anfang der 80er Jahre gehen nur noch knapp 20 % der jungen Katholiken und nur noch 4 % der evangelischen Jugendlichen regelmäßig zum Gottesdienst (*Köcher*, 1988). Gleiches gilt für das religiöse Ritual des Tischgebetes: 1985 waren Tischgebete noch in den Familien von 29 % der Bevölkerung üblich, zu Beginn der 80er Jahre bei 11 %. Auch hier unterscheiden sich die Generationen: 22 % der Sechzigjährigen und Älteren sind Tischgebete heute noch vertraut, nur knapp 5 % den unter Dreißigjährigen. Es ist daher zu erwarten, daß Tischgebete, wie überhaupt gemeinsame Gebete in der Familie, in Zukunft noch seltener praktiziert werden als heute (*Köcher*, 1988).

Die freie Religiosität ist das Ergebnis einer Lösung aus kirchlichen Verankerungen, die insbesondere seit den 60er Jahren zu verzeichnen ist. „Sinnerzeugung – einst religiös eingebunden – wird zunehmend entinstitutionalisiert, individualisiert und privatisiert, schließlich inkonsistenter in der Vermischung von religiösen mit profanen Inhalten. Religiöse Orientierungen werden unbestimmter, offener, weltlich-soziale Orientierungen werden stärker wirksam“ (*Helsper*, 1992). Jugendliche setzen sich ihr religiöses Sinngebäude aus diversen und widersprüchlichen Komponenten selbst zusammen. Dies hat auch die Analyse der jugendlichen Selbstzeugnisse im Rahmen der Studie „Jugendliche und Erwachsene ’85“ gezeigt: „In den Beiträgen der Jugendlichen ist eine Fülle von Elementen anzutreffen, die aus der christlichen Lehre stammen, wie beispielsweise die Vorstellung von einem Leben nach dem Tode oder das Gebot der Nächstenliebe. Die Jugendlichen gehen gewissermaßen selektiv mit dem christlichen Glauben um, verwerfen Teilvorstellungen, um zu ihren eigenen zu gelangen" (*Sziegaud-Roos*, 1985).

Freie Religiosität ist damit auch das Ergebnis eines Synkretismus, wohl mitbedingt durch den vermehrten Zugriff unserer Jugendlichen auf die Angebote der Medien. Entstanden ist eine Heterogenität und nahezu Beliebigkeit einer subjektiven Privatreligion: „Die subjektive Privatreligion läßt alles gelten. Der Dalai-Lama neben dem Papst, neben Jesus; der Schamane neben dem Meditationslehrer, neben dem indianischen Medizinmann; alle versammeln sich bei uns, um dem westdeutschen religiösen Geist ihre Führerschaft zu leihen. Entsprechend synkretistisch sind die Produkte dieser Religiosität, zusammengesetzt aus Bröckchen verschiedenster religiöser Zusammenhänge" (*Will*, 1988).

Junge Menschen, die der freien religiösen Szene zuzuordnen sind, sind keineswegs immun gegen ein Sicheinbindenlassen in eine alternativ-religiöse Gemeinschaft. Ganz im Gegenteil, die religiöse Patchwork-Identität bietet eher Gewähr dafür, daß eine gewisse Offenheit für weitere Sinnangebote besteht. Zahlreiche Untersuchungen zeigen dann auch, daß eine gute, intensive persönliche Beziehung zu einem Mitglied einer religiösen Gruppierung der Katalysator für eine potentielle Hinwendung zu dieser Bewegung ist.

2. „Neue Spiritualität", Esoterik- und New-Age-Szene – ein Überblick

Zunächst seien einige Anmerkungen zur Begrifflichkeit erlaubt: Mit *Spiritualität* ist eine Frömmigkeit gemeint, eine, laut Brockhaus, „personale Aneignung der Heilsbotschaft". Mit *neuer Spiritualität* ist eine verstärkte Hinwendung zum Religiösen gemeint, die sich aber nicht nur auf christliche Quellen bezieht, sondern eine vertiefte Innerlichkeit durch Aufnahme entsprechender Glaubenssätze aus verschiedenen religiösen Kulturbereichen anstrebt. Mit *Spiritismus* (abgeleitet vom lateinischen *spiritus* = Geist) ist eine Lehre gemeint, nach der die Geister Verstorbener in Verbindung mit Lebenden treten können, meist durch Vermittlung eines Mediums. Laut Brockhaus ist der neuzeitliche Spiritismus ein auf dem Boden des Okkultismus erwachsener Erklärungsversuch, der einen Teil der behaupteten okkulten Erscheinungen auf ein Eingreifen der Geisterwelt zurückführen will. Der Spiritist erstrebt dadurch experimentelle Beweise für ein Fortleben nach dem Tode. *Keller* (1979) definiert Spiritismus als „Glaube, daß nach dem physischen Tod des Menschen angeblich eine vom Leib getrennte Geistseele weiter existiere, die durch Medien Botschaften aus dem Jenseits vermitteln könne". Damit basiert der Spiritismus auf der Annahme, daß neben der für uns wahrnehmbaren, grobstofflichen Welt eine feinstoffliche Welt der Geister und Verstorbenen existiert, wobei eine Kommunikation zwischen diesen Welten durch entsprechend begabte Mittlerpersonen (Medien) oder aber durch entsprechende Techniken möglich ist (vgl. *Hilse*, 1990). Zu den unter Jugendlichen weit verbreiteten spiritistischen Praktiken zählen das Tischrücken, ferner das Pendeln und das Rutengehen (Näheres bei *Hilse*, 1990).

Esoterik meint eine nur dem Eingeweihten zugängliche Lehre; *Okkultismus* ist annähernd deckungsgleich hiermit, steht als Bezeichnung für die Gesamtheit der Geheimlehren, die sich mit den von der heutigen Wissenschaft meist als Parapsychologie zusammengefaßten physischen (Telekinese, Materialisationen, Spuk usw.) oder psychischen (Telepathie, Hellsehen, Prophetie, Spiritismus) Erscheinungen befassen.

Das Stichwort *New Age*, das in den 80er Jahren aufkam, bezeichnet einen „modernen fließenden Synkretismus" (*Schmidt*, 1994). New Age ist nach *Hilse* (1990) keine Bezeichnung für eine einzelne Gruppe oder eine in sich geschlossene philosophische Weltanschauung, sondern steht für eine ganze Fülle unterschiedlicher Ansätze mit teilweise voneinander abweichenden Positionen und Ableitungen. Eine übergreifende Gemeinsamkeit, so *Hilse*, besteht darin, daß der gesamte Kosmos – von der Physik ausgehend – als Energie aufgefaßt wird, der bestimmte Eigenschaften zugeschrieben werden, also z. B.

schöpferisch, beseelt, intelligent usw. zu sein. In diesem Kosmos gehören Mensch und Erde integral zusammen; zwischen beiden Kräften besteht eine Art „Fließgleichgewicht". Ein gewisses Leitmotiv für die New-Age-Bewegung stellt die (Wieder-)Erkenntnis des Prinzips der Synthese dar: War die bisherige Zeit gekennzeichnet durch zunehmende Anatomisierung von Wissens- und Erkenntnisprozessen, d.h. durch eine analytische, rational orientierte Vorgehensweise, so steht im New Age das synthetische Denken ganz im Vordergrund. Naturreligiöse Elemente (z. B. Feminismus, Schamanismus), ferner spiritistische, okkulte, magische, mystische, ökologische und pazifistische Elemente verbinden sich locker zu einer Lebenseinstellung und Lebenshaltung, bei der alle bisherigen Erkenntnisse aufgenommen, bewertet und – je nach ihrem Stellenwert – in ein System höherer Ordnung eingefügt und transformiert werden.

Nach *Geisler* (1978) steht New Age in diesem Sinne repräsentativ für „all jene Strömungen und Ereignisse, die als Hinwendung zu einer sinnerfüllten, humanen und ganzheitlichen Zukunftswelt zu begreifen sind". Anhänger des neuen Zeitalters glauben in Anlehnung an ältere esoterische Traditionen, daß der Kosmos sich am Vorabend des Wassermannzeitalters befinde. Das Zeitalter der Fische gehe nun seinem Ende entgegen und weiche einer neuen Epoche. Ein globaler Bewußtseinswandel breche hervor und transformiere den menschlichen Geist auf eine höhere Stufe der Evolution. Die alten Grundannahmen des Denkens, so glaubt man, hätten sich verbraucht und die alten Verhaltensmuster seien überlebt. Zukunft gebe es nur als ein „New Age", als ein neues Zeitalter (*König* und *Lampe*, 1994). Beide Autoren glauben sechs besondere Merkmale des New-Age-Denkens in Anlehnung an *Künzlen* (1987) ausmachen zu können, die ich im folgenden kurz wiedergeben und erläutern will:

1. *Der Glaube an das kosmische Bewußtsein:*
   Dieses kosmische Bewußtsein wird transindividuell aufgefaßt, meint also nicht das subjektive Bewußtsein des einzelnen, sondern das Bewußtsein des einzelnen als Akzidenz, als

zufälligen Niederschlag des allgemeinen kosmischen Bewußtseins. Damit ist der Gegensatz von Materie und Geist überwunden. Die Göttlichkeit des Menschen ist darin begründet, daß er als Fragment des kosmischen Bewußtseins angeborene Göttlichkeit besitzt, die ihm über bestimmte Methoden beispielsweise der Meditation zugänglich ist. Alles ist eins: Gott und Welt, Geist und Materie, Mensch und Natur, Leib und Seele, Ich und Du, ja alles Seiende überhaupt bildet eine große geistbeseelte Einheit und Ganzheit (hierin nehmen New-Age-Anhänger pantheistische Vorstellungen auf).

2. *Die Transformation des Ichs:*
   Im New Age gilt es, die Transformation des Ichs anzustreben. Die Transzendierung des Ego ermöglicht den Weg ins Solarzeitalter. Es geht hierbei nicht um bloße Bewußtseinserweiterung, sondern vielmehr um Bewußtseinsintensivierung, und zwar in Richtung auf die ursprüngliche, archaische Einheit von Mensch und Welt.
3. *Die prinzipiell holistische Weltsicht:*
   Im New-Age-Denken herrscht eine prinzipiell holistische Weltsicht. Nicht der Mensch steht Gott gegenüber, noch ist er von Natur und Kosmos getrennt. Vielmehr sind Mensch, Natur und Kosmos ineinander verwoben, und nur der verblendete Zwang der westlichen Aufspaltung im Subjekt-Objekt-Denken gaukelt uns vor, dies seien getrennte Seinsbereiche.
4. *Der Mensch als Teil des Göttlichen:*
   Der Mensch als Teil des Göttlichen kann sich durch esoterisches Wissen, okkulte Praktiken, spirituelle Techniken, Techniken der Bewußtseinserweiterung etc. seines göttlichen Ursprungs versichern und ihn sich verfügbar machen. Wo ihm dies gelingt und er den Schein des subjektiven Ichs abstreift, hat er als Teilhaber des Göttlichen die Macht, die Realität zu verändern und sie sich zu eigen zu machen.
5. *Die Evolution als Weg zum Göttlichen:*
   Wenn immer mehr Menschen diesen Weg gehen würden, dann würde die neue Weltzeit nicht ausbleiben. Alles, was ist, ist eingebunden in die hinter den Dingen stehende

„Selbstorganisations-Dynamik des gesamten Kosmos" (*Capra*, 1983), die auf eine neue Welt hinausläuft, auf die große, letzte Harmonie, in der alles Miteinander eins sein wird. Im Hintergrund dieser Auffassung steht eine bestimmte Form der Evolutionslehre: Jedes existierende Wesen beginnt sein Dasein auf einer sehr niedrigen Entwicklungsstufe (z. B. als Stein), um im Laufe von Millionen Jahren über das Pflanzenreich und das Tierreich zum Menschenreich aufzusteigen; das ist natürlich nur durch eine Anzahl von Reinkarnationen möglich. Das Ziel ist erreicht, wenn der Mensch zu seinem Ausgangspunkt zurückkehrt und wieder ganz und gar eins geworden ist mit dem Göttlichen.

6. *Der neue Mensch:*
   Es gibt die Hoffnung auf den „neuen Menschen in einem neuen Zeitalter".

Bei dieser Merkmalsbezeichnung des New-Age-Denkens fehlt der Hinweis auf die Anleihen bei der Theosophie, die wiederum wesentliche Gedanken aus den Hindureligionen und dem Buddhismus aufgegriffen hat. Nach dem Zweiten Weltkrieg und insbesondere in den 60er und 70er Jahren gab es eine intensive Hinwendung von Intellektuellen, von „Aussteigern" nach Fernost: Junge Menschen, insbesondere Studenten, hatten als Globetrotter „Tuchfühlung" mit dem Hinduismus und Buddhismus. Zahlreiche Gurus des indischen Kontinents haben ihrerseits diese Situation genutzt, indem sie ein immer größer werdendes religiöses Vakuum in Europa und Amerika durch Missionsformen hinduistisch-buddhistisch orientierter religiöser Gruppierungen ersetzten. Die sogenannten Jugendreligionen sind u. a. das Ergebnis dieses intensiven Austauschkontaktes. *Ken Wilber* (1981) und *Fritjof Capra* (1983) haben viele Vertreter der humanistischen Psychologie inspiriert und den Brückenschlag zwischen der Psychologie *C. G. Jungs* und den indischen Upanischaden sozusagen salonfähig gemacht: In der komplexen Psychologie *C. G. Jungs* ist die Grenze zwischen Gott und Mensch vollständig übertragbar auf die Abgrenzung zwischen Selbst und Ich.

Für *Jung* ist mit dem Begriff und Konstrukt „Selbst" der Inbegriff der totalen Gegensatzverneinung bezeichnet. In der Individuation gehe es darum, daß der Mensch Anschluß finde an seinen Ursprung, von ihm „Selbst" genannt. Ferner ist Jung der Auffassung, das Ziel der Individuation sei „die vollständige Auflösung des Ego" (s. „Briefe in drei Bänden", 2. Bd.). Wenn man Psychotherapie im ursprünglichen Sinne als „Pflege an der Seele" übersetzt, dann bedeutet im Grunde genommen alle indische Philosophie und Religion Psychotherapie. Während aber im Westen gemeinhin Psychotherapie darauf abzielt, den Menschen in seiner individuellen irdischen Existenz und in seiner Auseinandersetzung mit der Umwelt zu stärken, ihm mehr „Freiheitsgrade" zu ermöglichen, haben bei der Pflege der Seele nach indischer Tradition individuelle Unterschiede und Lebenskonflikte als trügerischer Schein – als „Schleier der Maya" – in den Hintergrund zu treten. Was gesucht wird, ist eine Wieder-eins-Werdung mit dem Ewigen, Universellen, die Überwindung der Zweiheit, d. h. der Spaltung in Subjekt und Objekt (vgl. bei *Hoch*, 1982). Die Lehren der indischen Upanischaden (vgl. *Mircea Eliade*, 1981) gehen von einer Identität der Weltseele (*Brahman*) mit der erkennenden Einzelseele (*Atman*) aus. Der nichtwissende Mensch ist sich dieser Identität nicht bewußt. Die Wege zur „Wiedervereinigung" sind zahlreich und entsprechen verschiedenen Yogaformen. Der eigentliche Sinn von Yoga sei demnach, „Verbindung, Einung" wiederherzustellen. Ich beschreibe dies hier so ausführlich, um zu zeigen, daß die Individuation im Sinne von *C. G. Jung*, als der Entdeckung des Selbst, dem Anliegen der Yogabemühungen indischer Gurus entspricht. Damit ist eine gewisse Nähe aller Sympathisanten der humanistischen Psychologie mit der New-Age-Bewegung gegeben, auch wenn im Einzelfall hier große Unterschiede bestehen.

Bei der Zahl der Bücher und Zeitschriften, die sich mit *Esoterik* befassen, sind inzwischen zweistellige Zuwachsraten zu verzeichnen. In der Esoterikszene tummeln sich „alteingesessene" Heilpraktiker, die sich der Homöopathie und der Geheimlehren *Steiners* bedienen, wobei sich letzterer auf die

Theosophie abstützt und wesentliche Aspekte seiner Lehre aus Indien entliehen hat. Daneben gibt es in der Esoterikszene aber auch eine nicht mehr überschaubare Vielfalt von „selbsternannten Therapeuten", die im Bereich Astrologie, Tarotlegen, Pendeln, Runenwerfen, Handlesen und Irisdiagnostik ihre heilenden Dienste offerieren, ohne dabei – wie der bestallte Arzt – das Risiko einzugehen, einen Kunstfehler zu begehen. Offenbar gehört es heute fast schon zum guten Ton in intellektuellen Kreisen, daß man über Kenntnisse aus dem Bereich des New Age oder der Esoterik verfügt. Nicht selten wird die Zugehörigkeit zu einer bestimmten Untergruppierung oder sektiererischen Gruppe geradezu mit Stolz zugegeben, zeichnet sich doch der Betreffende damit in besonderer Weise aus, hebt sich von der Allgemeinheit ab: Je kleiner die Gruppierung, je esoterischer und unbekannter, desto neugieriger macht er seine Umgebung.

Wie weit verbreitet die Affinität zum Okkulten und die Okkultfaszination ist, läßt sich nicht nur an den zahlreichen Zeitschriften ermessen, die Horoskope anbieten. *Rosin* und *Hammers* (1982) konnten in einer Umfrage nachweisen, daß die „Okkultgläubigkeit" gerade bei Theologen erstaunlich hoch ist: 90 % der evangelischen Pfarrer meinten, daß es parapsychische Phänomene tatsächlich gibt. Im einzelnen geben diese Autoren folgende Häufigkeitsvorkommen an: Telepathie 88 % (katholische Priester 66 %), Hellsehen und Präkognition 85 % (katholische Priester 70 %), Psychokinese 75 % und Spuk 41 % (katholische Priester 28 %). Evangelische Pfarrer hielten den Teufel zu 40 % (katholische Priester zu 79 %) für ein real existierendes, personales Wesen. Die traditionelle Teufelslehre sei ein wahrer (32 %, katholisch: 77 %) und bleibender Glaubensbestandteil, der bereits im Religionsunterricht der Vorschule in Predigten betont werden sollte. 79 % der katholischen Priester (und 40 % davon ganz entschieden) stimmten der offiziellen kirchlichen Teufelslehre zu, wie sie von Papst Paul VI. im Jahre 1972 deklariert wurde: Der Teufel sei „eine wirkende Macht, ein lebendiges, geistiges Wesen, verderbt und verderbend, eine schreckliche Realität, geheimnisvoll und beängstigend"; die psychologischen, psychiatrischen und psychoanalytischen Anschauungen über den Teufel wurden dagegen vom Papst als falsch bezeichnet.

Fassen wir zusammen: Der Zunahme von Kirchenaustritten in beiden Konfessionen steht eine gegenläufige Tendenz in Form der Zunahme von Esoterikinteressierten gegenüber. Eine freie religiöse Szene konstituiert sich aus einem weiten Spektrum von Menschen, die mit Okkultismus, Esoterik, Spiritismus und New-Age-Gedanken in Kontakt gekommen sind bzw. mit dem Gedankengut aus diesen Bereichen liebäugeln. Dabei ist die Beschäftigung mit Tarot, I-Ging, Astrologie und Chiromantie keineswegs ein Problem allein der Jugendlichen. *U. Müller* (1988) hat auf die Doppelmoral von Aussagen hingewiesen, in denen Okkultismus/Spiritismus/Satanismus lediglich als Problem der Jugendlichen propagiert wird, ihre Vorbildfunktion in der Welt der Erwachsenen aber übersehen wird. Ich bin der Auffassung, daß Jugendliche mit ihrer Hinwendung zum Magisch-Okkulten etwas in extremer Form ausleben, das unter den Erwachsenen – wenn auch in „verdünnter" Form – bereits weite Verbreitung gefunden hat.

Dieser Überblick über die Esoterik- und New-Age-Szene wäre unvollständig, würde nicht auf die Bedeutung der sogenannten „Human-Potential-Movement" hingewiesen werden. Es handelt sich hierbei um die Bezeichnung einer breiten Bewegung Anfang der 60er Jahre, die ihren Ausgang vom Esalen-Institute (Big Sur und San Francisco) nahm. Die Mitglieder dieser Bewegung wollten anstelle einer Veränderung der politischen Verhältnisse eine Veränderung ihrer eigenen individuellen Person erwirken. Die Mitglieder dieser Bewegung waren der Überzeugung, daß die Gesellschaft das ihr eigene Potential nur dadurch realisieren könne, wenn sich ihre einzelnen Mitglieder ihrer jeweiligen Möglichkeiten auch bewußt seien. Diese Potenz des Individuums würde eine größere innere Einsicht, eine bessere Wahrnehmung der körperlichen Bedürfnisse und eine bessere Kommunikation mit anderen einschließen. Schwerpunkt dieser Bewegung waren sogenannte *Encounter Groups*, d. h. Selbsterfahrungsgruppen, die sich der Methoden der humanistischen Psychologie bedienten, aber auch Techniken einiger zu den sogenannten Jugendreligionen zählenden Gruppierungen aufgriffen (Mantra-Meditation der Transzendentalen Meditation, Tänze der Sufis, Zen-Meditation etc.). Innerhalb von wenigen Jahren schossen gleichsam um die Bay Area in San Francisco zahlreiche sogenannte *Growth Centers* aus dem Boden, Institute und Universitäten mit Hunderten von Therapeuten, „Lehrern“, die die entsprechenden Techniken dieser neuen Gruppenpsychotherapien ausprobierten und weitergaben. 1962 wurde in San Francisco die *Gesellschaft für Humanistische Psychologie* gegründet, die die wissenschaftliche und professionelle Seite der „Human-Potential-Movement“ verkörperte. Organ der Gesellschaft war das „Journal of Humanistic Psychology“. Mitbegründer waren *Maslow, Fromm, Rogers, Frankl,* (*Charlotte*) *Bühler.*

In diesen Selbsterfahrungsgruppen, die überwiegend Studenten und Angehörigen – zumeist Frauen – der Mittelschicht besuchten, wurden u. a. Transaktionsanalyse, Primärtherapie, Bioenergetik, Psychosynthese, Massage, T'ai Chi und Mind-Control-Training sowie Yoga (um nur einiges zu nennen) angeboten. Mitglieder der „Human-Potential-Movement“ kamen meist am Wochenende oder in abendlichen Sitzungen zusammen, um an einem Intensivprogramm für persönliches Wachstum und Entwicklung unentdeckter Potenzen teilzunehmen. Sehr schnell machten sich einige der „Lehrer“ der Growth-Center-Gruppen selbständig und gründeten eigene Institute. Nicht wenige der Teilnehmer dieser Selbsterfahrungsgruppen waren nach Wochen und Monaten ausgebrannt („burnt out“). Speziell für solche „frustrierte“ Teilnehmer der Bewegung wurden Intensivprogramme angeboten, die von privaten Neugründungen der Bewegung ausgingen und die Techniken der Gruppentherapie westlicher Prägung mit Meditationstechniken aus Asien in besonderer Weise verquickten. So entstand z. B. EST (Erhard Seminar Training) oder das „Arica-Institute“).

Ein besonderer Begriff der „Human-Potential-Movement“ war das Wort *transpersonal*: Dieser Begriff soll auf parapsychologische, mystische und transzendente Erfahrungen verweisen. Ein Eckpfeiler transpersonaler Psychologie war und ist die Vorstellung, daß alles in der Welt Manifestation einer göttlichen Substanz ist, Gott ist in allem immanent. Diese pantheistische Vorstellung wurde aus buddhistischen und hinduistischen Lehren übernommen.

Die Bedeutung der Human-Potential-Movement und der humanistischen Psychologie für die rasante Ausbreitung der Psychokulte und der Esoterik- und New-Age-Szene kann gar nicht hoch genug eingeschätzt werden. „Therapeuten, Aussteiger", insbesondere auch Psychologen, die bislang noch nicht für die Krankenversorgung zugelassen waren, ließen sich im Laufe der 70er, 80er und 90er Jahre zu Tausenden in Deutschland in kleinen Privatpraxen nieder, sei es in Kombination mit einer Heilpraktikerlizenz, sei es in Form von Praxen oder Zentren, die mit fremdländischen geheimnisvoll klingenden Namen (oft werden Sanskrit-Namen benützt) ihre Klienten anlocken sollen. Was sich dahinter verbirgt, sind Ableger und Weiterentwicklungen jener Human-Potential-Movement. Es ließe sich ohne große Mühe zeigen, daß sich ein nicht unbeträchtlicher Teil, insbesondere der intellektuelle, der Esoterikszene aus der ehemaligen „Human-Potential-Movement" rekrutiert.

Ich habe deshalb so ausführlich auf diese Zusammenhänge hingewiesen, weil das fremde, andersartige, aus anderen Kulturen stammende und alternativ erscheinende Sinnangebot für junge Menschen ganz besonders attraktiv ist. Heranwachsende und junge Menschen in der verlängerten Adoleszenz befinden sich meist in einer erheblichen Protest- und Autoritätskrise gegenüber ihren Eltern und Erwachsenen und sind nur allzu bereit und dankbar, wenn sie Alternativangebote, die noch besonders provokativ „andersartig" erscheinen, ausprobieren können. Die Erfahrung mit der religiösen Dimension wird in diesen Angeboten sozusagen individuell oder in Kleingruppen in einer unendlichen Vielfalt angeboten, wobei ganz entscheidend das persönliche Verhältnis, die intensive Beziehung zum „Lehrer", „Therapeuten" oder „Meister" zum Tragen kommt.

3. Der Hang zum Okkulten, Esoterischen und Magischen bei Jugendlichen

Entwicklungspsychologisch durchlaufen wir vom Kleinkindesalter bis etwa zum Schulalter die magische Phase, in der die Allmacht der Gedanken vorherrscht und alle Gegenstände und Dinge einen besonderen Bedeutungsgehalt bekommen können. Diese „physiologische“ magische Zeit ist auch im Laufe unserer Weiterentwicklung nicht verschwunden, sondern lediglich überlagert. Wir alle, auch wenn wir nicht einem magisch-mystischen Zirkel anhängen, können in Belastungssituationen jederzeit in diese magische Phase zurückfallen, dies auch punktuell, ohne deshalb psychiatrisch aufzufallen. Die betreffende magische Kindheitsphase ist u. a. gekennzeichnet durch Allmachtsphantasien und einen ausgeprägten Narzißmus. In der Pubertät und Adoleszenz wird dieser Narzißmus reaktiviert und damit auch die Allmachtsphantasien. Ferner ist das Anziehende am Magischen bedingt durch die von uns verdrängten und unbewußten Anteile unserer Psyche: Sich der Magie zu ergeben, sich mit Magie zu befassen heißt u. a., sich mit den unbewußten Bereichen der Psyche auseinanderzusetzen, wenn wir es positiv formulieren wollen. Dies hat der Jugendliche und Adoleszente aber als seelische Entwicklungsaufgabe zu leisten. So ist seine besondere Hinwendung zum Esoterischen, zum Transpersonalen und zum Magischen als eine Suche nach dem Wesentlichen seines Daseins zu verstehen, das wir Erwachsenen im faustischen Pakt mit der Wissenschaft, dem Kapitalismus und dem Materialismus „verkauft“, also sozusagen verloren haben. *Lutz Müller* (1989) fragt, ob die Wiederentdeckung des Magischen und Transpersonalen eine Realitätsflucht oder eine Wende in der Evolution der Menschheit bedeute. Auf der einen Seite würden die Befürworter stehen, die Verteidiger des Esoterischen, auf der anderen Seite ihre Gegner. Jeder, so *Müller*, werfe dem anderen Unkenntnis, Einseitigkeit, Intoleranz und Rückschrittlichkeit vor. *C. G. Jung* spricht vom Archetyp des Schattens, um die äußerst vitale und lebendige Seite unseres Wesens, die noch nicht integriert ist und die wir abgespalten haben, zu beschreiben. Dabei, so *Jung*, besteht die Neigung, sich mit diesem Schatten zugleich zu identifizieren, wenn er zum ersten Mal bewußt oder aktiv werden möchte. In den schwarzen Messen, den Hexen- und Teufelskulten nimmt die Identifizierung mit diesem Schatten in besonders dramatischer Weise Gestalt an.

Wir müssen uns fragen, ob die Entmythologisierung und die Abspaltung des Sexuellen in unserer Religion es besonders interessant machen, es geradezu provozieren, daß sich Jugendliche aus einer Oppositionshaltung heraus gerade mit diesem religiös Abgespaltenen, Negativen, Teuflischen „identifizieren". Das frühere Christentum entgötterte und entwertete die erdhaften, körperlichen Aspekte der Frau, die sexuellen, dunklen Seiten des „Göttlichen". Besonders im Mittelalter wurde das „Untere" als das Dunkle und Weibliche, als das Grob-Sinnliche, Stofflich-Materielle betrachtet, als der diesseitige böse Körper, der Gefängnis und Gefahr bedeutet und des Teufels war. *Zacharias* (1970) erklärte den Satanskult als Antwort auf eine kollektive Verdrängung und Abspaltung des Körperlichen und Triebhaften. Da sich unsere Jugendlichen in ihrer Adoleszenzphase besonders intensiv mit ihrer sexuellen Metamorphose auseinandersetzen müssen, werden sie sozusagen in dieser inneren Nachtmeerfahrt und bei ihrem „Kampf mit dem Drachen" mit den Schattenseiten ihres eigenen Wesens konfrontiert. Sie sind in dieser Phase leicht verführbar. Bieten sich dann noch entsprechende Gruppierungen oder Zirkel als Protestlarven gegenüber den Erwachsenen an, so verwundert es eigentlich, daß so wenige Jugendliche in diese Zirkel eintreten (*Klosinski*, 1990).

Es gibt aber noch weitere Erklärungsmodelle. *Helsper* (1992) sieht in jugendlichen Okkultpraktiken unterschiedliche Antworten auf die Modernisierungsschübe unserer Gesellschaft. Er stellt die Frage, ob nicht hinter den okkulten Praktiken Jugendlicher die Sehnsucht nach „Beheimatung" oder „Wiederverzauberung der Welt" stehe? Es könne sich, so *Helsper* weiter, gelegentlich um eine Sinnverortung, um eine Art „Sinn- und

Erfahrungsbastellade", um eine „Sinn-Bricolage" handeln. Seiner Auffassung nach sind vier Motive für die Hinwendung von Jugendlichen zum Okkulten festzuhalten: die Suche nach Thrill und Angstlust; die Neugier gegenüber dem Unbekannten, Fremden und Unbegreiflichen; die Abgrenzung gegenüber der offiziellen Kirche und die Hilfe bei Entscheidungen und Lebensbewältigung (z. B. durch Pendeln). Zusätzlich nennt er noch als fünftes und sechstes Moment den Wunsch nach Aufwertung und Prestigesteigerung sowie den Wunsch nach Macht. Es wurde schon darauf hingewiesen, daß auch bei Erwachsenen häufig Geltungsstreben mitspielt, wenn sich die Betreffenden in esoterischen Dingen als kundig erweisen. Sie erfahren dann für sich eine Aufwertung. Ganz besonders gilt dies aber für Jugendliche, die ja häufig in ihren Cliquen etwas Besonderes darstellen müssen, ohne jedoch aus der Gruppe herauszufallen.

Wenn es stimmt, was *Ulrich Müller* (1988) als die zwei wesentlichen Ziele der Okkultismus-Spiritismus-Satanismus-Neigung bei Jugendlichen ansieht, nämlich a) „das totale Erlebnis" und b) „Power-Macht", so handelt es sich, psychodynamisch gesehen, häufig um das Stillen eines besonderen Erfahrungshungers und um die Kompensation von Nichtigkeits- und Ohnmachtsgefühlen. Es geht dabei um die Identifikation mit dem Bösen oder „Aggressor" sowie um projektive Mechanismen. Auch *Helsper* (1992) konnte diese Zusammenhänge bei seiner Untersuchung feststellen: „Was in der Kindheit unter Verschiebung destruktiver Anteile nach außen als gut erscheint, wird in der Adoleszenz bekämpft und eine Identifikation mit dem Bösen vollzogen. Auf derartige Identifikationen und die Projektion destruktiver Selbstanteile sind wir im Zusammenhang ‚satanisch' inspirierter Praktiken von Jugendlichen gestoßen." *Hauth* (1988) sprach im Zusammenhang seines Beitrags „Der neue Hang zum Okkulten – Spiritismus und Satanismus unter Jugendlichen" von einer „Umwertung von Werten", die für solche Jugendliche charakteristisch sei. Aus tiefenpsychologischer Sicht kann ergänzt werden, daß all jene, die sich dem Satan verschreiben, sich mit dem

Aggressor identifizieren, d. h., es kommt zu einer projektiven Identifikation mit einem Menschen, der „die Macht des Bösen", die am Ende alles besiegen wird, verkörpert. Dies bedeutet, wie schon gesagt, eine Art Identifizierung mit dem eigenen Schatten, der in den schwarzen Messen, den Hexen- und Teufelskulten in besonders dramatischer Weise Gestalt annimmt. Eine solche Identifikation mit den eigenen aggressiven Anteilen dient aber primär der Angstabwehr. Man muß deshalb davon ausgehen, daß diesen Weg der Hinwendung zu entsprechenden okkulten Zirkeln solche Jugendliche oder junge Erwachsene einschlagen, die unter besonderen Ängsten der Sinnlosigkeit, Hoffnungslosigkeit und unter Zukunftsängsten leiden.

Baer hat 1993 eine empirische Studie vorgelegt, bei der knapp 500 Hauptschüler, Realschüler und Gymnasiasten im Alter von 15 bis 19 Jahren mittels Fragebögen zu Themen aus dem Okkultismusbereich befragt wurden. Auch wurde dem Zusammenhang zwischen der Neigung zu Magie/Okkultismus und krankhaften Persönlichkeitszügen bzw. psychischen Problemen bei Schülern nachgegangen. Dabei zeigte sich, daß die Fragen zum Glauben an magische Kräfte die höchsten Korrelationswerte zum Schizotypiebereich aufwiesen; d. h., diejenigen Jugendlichen, die psychisch leicht auffällig waren im Sinne einer schizoiden Veranlagung, gaben häufiger an, an magische Kräfte in allen Okkultbereichen zu glauben. Ein Vergleich zwischen den Geschlechtern ergab, daß sich Mädchen häufiger zu den Psi-Phänomenen (Telepathie und Präkognition) hingezogen fühlen als Jungen, während die Jungen häufiger ihr spielerisches Interesse für den Okkultismus bekundeten. Auch was die Bereiche des klassischen Aberglaubens, der natürlichen Magie und der alternativen Religiosität (Sekten und Yoga) betrifft, läßt sich dieser Unterschied zwischen Mädchen und Jungen feststellen. Das heißt, die Mädchen hatten bei allen Okkultbereichen (außer beim spielerischen Interesse für Okkultismus) und bei den Fragen zur traditionellen Religiosität deutlich mehr Fragen bejaht als die Jungen, und zwar unabhängig vom Schultyp und vom Alter. Daraus ließe sich ableiten, daß Mädchen besonders empfänglich für das Okkulte sind. Bei Menschen mit schizotypischen Vorstellungen liegt die Empfindung vor, von außen beeinflußt und bestimmt zu werden. Auch Studien von *Mischo* (1988, 1991) über Schüler, Religionslehrer und psychosoziale Beratungsstellen zeigten, daß die Anziehungskraft von Okkultpraktiken mit bestimmten überdauernden Persönlichkeitszügen zusammenhängt: Diese sind magisch-irrationales Denken, psychische Labilität bzw. Neurotizismus und eine Dominanz der externalen Attribution (Vorstellung, von äußeren Umständen und Mächten beeinflußt und bestimmt zu werden).

Die Durchsicht der Literatur ergibt, daß neben den oben geschilderten Zusammenhängen mit schizotypischen Persönlichkeitszügen und psychischer Labilität weitere Ursachen für das wachsende Interesse an dem Okkult-Mystischen festgemacht werden können, die ich hier kurz wiedergeben will. An erster Stelle werden *Neugierde und Langeweile* genannt: Mehr als 70 % der Schüler in der Studie von *Mischo* (1991) gaben dies als Hauptmotiv für die Beschäftigung mit okkulten Praktiken an.

Okkultismus als Religionsersatz: Evens (1976) postuliert, der Okkultismus nehme zu, weil die traditionelle Religiosität abnehme. Dies geschehe, weil zum einen der Glaube in den Großkirchen mehr verwaltet als gelebt werde und weil zum anderen die Kirche die Religion entmythologisiert und rationalisiert habe, so daß diese den nach Tiefenerfahrung und Geborgenheit suchenden Menschen im Zeitalter allgemeiner Anonymität nicht mehr genüge.

Gefühle der Sinnlosigkeit: Da der Aufbau und Sinn des modernen wissenschaftlichen Weltbildes nur noch von einer geistigen Elite verstanden wird, wächst der Freiraum für okkulte Philosophien (*Holtz*, 1984). Das Leiden an der Sinnlosigkeit des Lebens käme nach *Viktor E. Frankl* einer Neurose aus einer Existenzkrise heraus (noogene Neurose) gleich. Nach *Lungershausen* (1983) geht in der heutigen Epoche der allgemeinen Diffusion von Kulturen und der Vielfalt der angebotenen Wertesysteme mit oft diametralen Positionen den Jugendlichen die Orientierung bei der Suche nach dem Ich-Ideal verloren. Sie würden deswegen ein besonderes Interesse für magische Praktiken und okkult-spiritistische Ideen entwickeln, die ihnen bei der Bewältigung ihrer pubertären Schwierigkeiten helfen sollen (*van Dijk*, 1988).

Entfremdungserlebnisse: Einer in weiten Bevölkerungskreisen wachsenden Anfälligkeit für das Okkulte und Übernatürliche, – wobei Christliches, Parapsychologisches und Astrologisches wunderliche, wenig reflektierte Verbindungen eingehen – entspricht im Bereich der Psychotherapie und Psychologie ein nie zuvor dagewesener Boom einer Vielzahl von Angeboten „therapeutischer Mittel" u. a. zur Herstellung des ganzen Menschen. Als kleinster gemeinsamer Nenner kreisen dabei durchaus vorhandene ernsthafte Bemühungen innerhalb der Alternativszene sowie jede psychotherapeutische Einstellung um dasselbe Ziel: Es geht um die Aufhebung einer Entfremdung des Menschen von sich selbst.

Legitimierungsfunktionen: Okkulte Gruppen wirken offenbar anziehend auf straffällige und soziopathische Persönlichkeiten, denen der Kult die Möglichkeit gibt, abwegiges Verhalten unter dem Deckmantel der Religion zu legitimieren (*Clark*, 1979).

Fassen wir zusammen: Wenn der moderne Okkultismus „als eine mit den Mitteln der Moderne arbeitende antimodernistische Protestbewegung" (*Hummel*, 1988) anzusehen ist, dann richtet sich dieser Protest ganz offensichtlich sowohl gegen die Gesellschaft und ihren Fortschrittsglauben schlechthin als auch gegen die Kirchen. Diese muß sich fragen, wie sie mit dem Schwanken des modernen Menschen zwischen Aufklärung und Romantik, zwischen rationaler und okkulter Daseinsbewältigung, zwischen Säkularität und neu aufbrechender Religiosität zurechtkommen will.

Viele junge Menschen haben den Glauben an den immerwährenden Fortschritt und an die Wissenschaft verloren. Sollte der eingetretene Esoterikboom darauf hindeuten, daß Esoterik und Okkultismus im Denken vieler Menschen relativ bruchlos die Nachfolge des Wissenschaftsglaubens angetreten haben (vgl. *Hemminger*, 1990)?

IV. Ursachen, Funktionen und Auswirkungen religiösen Glaubenswechsels

Die Vielfalt religiöser Konversionstheorien (Konversion = religiöse Bekehrung oder Glaubenswechsel) entspricht der Vielfalt des Angebotes neureligiöser Bewegungen, Gruppierungen und Sektenbildungen. Das Spektrum der Erklärungsversuche dessen, was religiöse Konversion eigentlich ist und bewirkt, reicht von der Auffassung, es handele sich um eine Art Gehirnwäsche, die zu einer totalen Abhängigkeit führe (*Clark* et al, 1981; *Singer*, 1979; *West* und *Singer*, 1980), bis hin zur Vorstellung, es sei dies eine normale Erscheinung des Jugendalters und ein notwendiger Schritt jugendlicher Reifung (*Starbuck*, 1899).

Sicher ist jedenfalls: Wenn die Auswirkungen von Sinnangeboten religiöser Gruppierungen auf unsere Jugendlichen erörtert werden sollen, wenn auch eventuell vorhandene Gefährdungspotentiale ausgemacht werden müssen, dann ist es unerläßlich, sich die Ursachen, Funktionen und Dynamiken religiöser Konversion vor Augen zu führen. Hierauf soll in diesem Kapitel eingegangen werden.

Neben einem deutlichen Schwerpunkt der Konversionsforschung im Bereich der Sozialwissenschaften lassen sich psychiatrische, psychoanalytische und psychologische Studien zur religiösen Konversion unterscheiden. Die wesentlichen Ergebnisse aus der Konversionsforschung will ich deshalb im Sinne einer Literaturübersicht im folgenden kurz referieren. Arbeiten in diesem Bereich gehen der Frage nach, was eigentlich passiert, wenn eine Person „überwechselt" von einer anerzogenen Glaubensauffassung hin zu einer neuen, andersartigen religiösen Überzeugung. Es ist die alte Frage: Wie ist zu erklären, daß aus einem Saulus ein Paulus wird? Wie kommt es, daß jemand, für seine Umgebung völlig unerklärlich, alles hinter sich läßt, Beziehungen abbricht und einen ganz neuen Weg und Lebensabschnitt betritt?

1. Zum Begriff religiöser Konversion

Mit seinem 1902 veröffentlichten Buch „The Varieties of Religious Experience“ legte *James* die Ergebnisse seiner umfassenden Untersuchungen vor, die zum Meilenstein und zur Richtschnur aller späteren Konversionsforschung wurden. Es sei deshalb seine Definition religiöser Konversion wiedergegeben:

„Conversion is the process, gradual or sudden, by which a self hitherto divided and consciously wrong, inferior and unhappy, becomes unified and consciously right, superior and happy, in consequence of it's firmer hold upon religious realities.“

Somit versteht *James* Konversion als einen plötzlich oder allmählich auftretenden Prozeß, durch den ein bislang geteiltes Selbst, das sich als falsch, minderwertig und unglücklich erlebt, wieder vereinigt wird und sich selbst bewußt – als Ergebnis seines nun festeren Standpunktes religiösen Wirklichkeiten gegenüber – als richtig, überlegen und glücklich erfährt.

In den letzten Jahrzehnten wurde der Begriff der Konversion unterschiedlich weit gefaßt. Nach Ansicht mancher Autoren ist damit notwendigerweise eine dramatische Veränderung der Persönlichkeit verbunden (*Downton*, 1980; *Heirich*, 1977). *Travisano* (1970) definiert Konversion als eine radikale Neuorganisation der Identität, der bisherigen Auffassungen und Sichtweisen sowie des Lebens. Andere Autoren (wie *Hardin*, 1980 und *Simmonds*, 1977) unterstreichen lediglich eine Bindungsänderung, die bei der religiösen Konversion auftritt. *Möller* (1979) schreibt der Konversion einen „Wechsel der Wirklichkeitsauffassung“ zu. *Heimann* (1961) ist wiederum der Ansicht, „daß das Bekehrungsgeschehen als ein intentional auf die geistige Wandlung gerichteter dynamischer Erlebniszusammenhang verstanden werden muß, in dem Seelisches und Geistiges derart verschränkt sind, daß die geistige Wandlung in der dynamischen Ausrichtung des Erlebens zum Ausdruck kommt". *Conway* und *Siegelman* (1979) sprechen vom sogenannten „snapping", vom Umschlagen der eigenen Identität, das in Amerika bereits epidemische Ausmaße angenommen habe.

Die Erweiterung des Begriffes über den religiösen Bereich hinaus geht auf *Salzman* (1953) zurück, der die Konversion als einen Wechsel entweder der religiösen oder der moralischen, politischen oder ethischen Sichtweise, mit oder ohne mystische Erfahrung, definiert.

2. Theorien und Forschungsergebnisse zur religiösen Konversion – eine Literaturübersicht

Drei Jahre vor der Veröffentlichung von *James* (1902) schrieb *Starbuck* (1899) in seinem Werk „The Psychology of Religion", bei der Konversion handele es sich um ein Phänomen der Adoleszenz. Angst, Sünde und Depression seien die herausragenden Charakteristika eines zu beobachtenden Vor-Konversionszustandes. In der Konversion selbst müsse der persönliche Wille aufgegeben werden.

Ohne das Wort Bekehrung oder Konversion direkt auszusprechen, kommt *Spranger* (1925) zu einer ganz ähnlichen Auffassung: „Das Wiedergeburtserlebnis (die „vita nuova") kommt dem Erlebenden selbst nicht immer als etwas spezifisch Religiöses zum Bewußtsein." Nach einer Epoche der Loslösung vom Überlieferten, des Zweifels und der Verneinung, „erscheine dann zuletzt die jugendliche Entwicklung nicht mehr als ein vielfach Geteiltes, sondern als ein Ringen um den Zentralsinn. Weit über das hinaus, was im historischen und theologischen Sinne Religion genannt wird, ist das Kreisen um dieses geahnte und gesuchte Zentrum religiös."

Coe (1916) sah die mystische Konversion, die sich bei Wiedererweckungserfahrungen ereignet, im Zusammenhang mit hypnotischen Erlebnissen und schlug vor, sie der Hysterie zuzuordnen.

1927 schrieb *Freud* (G. W. Bd. XIV, S. 393–396) eine kurze Abhandlung über „religiöse Konversion" anläßlich eines Briefes, den er von einem amerikanischen Arzt erhalten hatte, der seine Konversionserfahrungen mitteilte. Die Konversion erfolgte nach einem intensiven emotionalen Erlebnis im Seziersaal, als der Arzt eine „sweet faced woman" auf dem Seziertisch sah. *Freud* machte darauf aufmerksam, daß die Bekehrung eintrat, nachdem ein früher, ödipaler Haß auf den Vater reaktiviert worden war. Dieser Haß habe zu einer mächtigen Auflehnung und schließlich zu einer vollständigen Unterwerfung unter den Vater, d. h. stellvertretend unter Christus, geführt. Damit sah *Freud* in diesem Falle die religiöse Konversion als Ergebnis eines Ödipuskomplexes an.

Adler (1933) glaubte, in der Konversion einen Wechsel von einem Gefühl der Minderwertigkeit hin zu einem Gefühl der Überlegenheit feststellen zu können. *Jung* (G.W., 1971, Bd. XI) beschrieb religiöse Konversion als eine Art psychologischen Balanceakt: als eine Umkehr einer Tendenz von der Introversion zur Extraversion und umgekehrt.

In einer psychoanalytischen Untersuchung über die infantilen Determinanten der religiösen Einstellung kamen *Harald* und *Kristian Schjelderup* (1932) auf der Grundlage von elf Falldarstellungen zu einem 3-Typen-Schema religiöser Erlebnisformen (es wurde schon weiter oben darauf hingewiesen), wobei es sich zum Teil um mystische Bekehrungserlebnisse handelte. Sie unterschieden einen Vater-, eine Mutter- und eine Selbst-Religion und nahmen einen besonders engen Zusammenhang zwischen „Mutter-Religion" und „Selbst-Religion" an, da eine maximale Regression sowohl Ausdruck einer starken Muttersehnsucht als auch einer narzißtischen Zurückziehung der Libido (Triebenergie) sein könne. Auch zwischen „Selbst-Religion" und „Vater-Religion" bestünde eine Beziehung, indem die Identifizierung mit dem Vater eine wesentliche Rolle in der Vorstellung der eigenen Göttlichkeit zu spielen vermöge. Die Autoren sahen Parallelen zu den großen Weltreligionen und folgerten: Der Hinduismus sei der ganzen Grundtendenz nach als Mutter-Religion, der ursprüngliche

Buddhismus als Selbst-Religion und das Christentum und der Islam als ausgesprochene Vater-Religion anzusehen (die Feststellung, der Hinduismus könne als Mutter-Religion angesehen werden, stellt eine nicht zulässige Verallgemeinerung dar, da lediglich der Shaktismus, nicht aber der Shivaismus oder Vishnuismus als oberstes Primat eine Muttergottheit aufweist).

Nun zu den neueren soziologischen Konversionsmodellen und Erklärungsversuchen:

Das in der soziologischen Literatur bekannteste und meistzitierte Konversionsmodell ist das von *Lofland* und *Stark* (1965). In ihrer Arbeit über Anhänger der Vereinigungskirche nannten sie die folgenden sieben entscheidenden Faktoren, von denen jeder einzelne notwendig, aber nicht allein ausreichend sei, die Konversion eines potentiellen Kultmitgliedes zu beeinflussen:

1. Akute Spannungen im täglichen Leben.
2. Neigung, Probleme in einem religiösen Kontext zu sehen (anstatt sie beispielsweise mit der Politik in Verbindung zu bringen).
3. Sich selbst als religiös Suchender zu bezeichnen.
4. Das Zusammentreffen mit Kultmitgliedern an einem Wendepunkt im Leben des Konvertiten.
5. Das Aufbauen oder Verstärken einer affektiven Bindung zu einem oder mehreren Kultmitgliedern.
6. Die Neutralisierung aller Verbindungen zu Nicht-Mitgliedern.
7. Wiederholte Interaktionen mit Kultmitgliedern, die schließlich zu einer kultischen Lebensweise führen.

Man kann in diesem Modell die ersten drei Faktoren als empfänglich machende, die Faktoren vier bis sieben als situationsbedingte und interaktionale bezeichnen.

16 Jahre nach seiner Arbeit mit *Stark* unterschied *Lofland* in einer neueren Arbeit mit *Skonovd* (1981) sechs Konversions-„Motive". Ein Konversionsmotiv werde gebildet durch hervorstechende thematische Elemente der Konversion und bestimmte Schlüsselerlebnisse einerseits und ihre Verbindung mit objektiven Situationen der Konversion andererseits. Die Bezeichnun-

gen der einzelnen Konversionsmotive dieser Autoren lauten: „intellectual, mystical, experimental, affectional, revivalist, coercive“. Unter einem intellektuellen Motiv verstehen die Autoren das Lesen entsprechender Bücher, was ohne äußeren Druck geschieht. Sie leiteten hieraus eine „aktivistische Konversionsform“ oder eine „Selbst-Konversion“ ab. Mit dem mystischen Motiv meinen sie die mystische Erfahrung, wie z. B. ein Saulus/Paulus-Erlebnis. Beim experimentellen Motiv sehen sie die Konversion als Resultat einer Neugierde, eines Ausprobierens an, wie sie bei Mitgliedern des „New Age“ und den mehr metaphysisch orientierten Gruppen vorkomme. Gehirnwäsche und „thought reform“ liege dem sechsten Motiv zugrunde.

Richardson und *Stewart* (1977) kritisierten diesen, wie sie formulierten, mehr statischen Zugang zum Konversionsprozeß in der Untersuchung von *Lofland* und *Stark* (1965) und versuchten, ein „typisches Konversions-Karriere-Muster“ zu entwerfen im Sinne eines dynamischen Modells. Dabei stützten sie sich auf ihre Untersuchungen der „Jesus-People-movement“ und schlugen drei Untersuchungsebenen vor:

1. Die stattgehabte Sozialisation bis zur Konversion.
2. Die gleichzeitig mit der Konversion gemachten Erfahrungen und Erlebnisse.
3. Ein vorteilhaftes Rahmenangebot für Problemdefinition und Problemlösung, das dem Konvertiten gemacht werde.

Lynch (1977) untersuchte 22 Mitglieder und 10 Ehemalige der „Church of the sun“ (eine kleine kalifornische, okkulte Sekte, die sich aus einem „panchristlichen Kult“ der 60er Jahre entwickelte und von einem psychologischen Autodidakten und Hypnotherapeuten geleitet wurde, der eine bestimmte Fusion altägyptischer und jüdischer Kabbala-Mystik lehrte und praktizierte) und entwickelte daraus ein 4-Phasen-Modell der Konversion. *Lynch* beschrieb eine erste Phase, in der es durch die Lektüre eines Buches zum Interesse an dieser Bewegung kommt: Das Buch dient sozusagen als Einstieg. In einer zweiten Phase ereigneten sich mystische Erlebnisse wie Präkognition, Déjà-vu und Telepathie. Zusätzlicher Streß und Spannungen seien in dieser Phase bei der Mehrheit der Untersuchten mit ein Faktor gewesen, der zur Konversion beigetragen hätte. In einer dritten Phase komme es zum Kontakt mit dem Guru oder mit den „rechten Leuten zur rechten Zeit am rechten Ort". Aus dieser Begegnung resultiere dann die vierte Phase, in der die Betreffenden das Gefühl entwickelten, daß die Kirche ihr Zuhause sei.

Foss und *Larkin* (1978) beschrieben „Konversionsabfolgen", ein sogenanntes „shifting", von Anhängern politischer Gruppierungen zu religiös-charismatischen Gruppen. Diese Form der Konversion stellte ihrer Meinung nach den Versuch dar, „Lebenskonstruktionskrisen" zu bearbeiten, die aus dem Niedergang der amerikanischen Protestbewegung resultieren.

Kommen wir jetzt zu den psychiatrischen und psychoanalytischen Konversionsmodellen:

Christensen und *Evaston* (1965) untersuchten 22 Männer in ihrer Privatpraxis, die sie wegen „mental disorder" behandelten. Alle hatten über ein religiöses Bekehrungserlebnis in ihrer Adoleszenzzeit berichtet. Aufgrund ihrer Untersuchungsergebnisse teilten die Autoren die religiöse Konversion in verschiedene Komponenten auf:

1. Prädisponierende (empfänglich machende) Faktoren (unbewußter Konflikt, religiöser Glaube, Adoleszenz).
2. Ein Bewußtseinskonflikt, der aus einem unbewußten Konflikt resultiert und Schuld- und Angstgefühle sowie Depressionen bewirke.
3. Durch die Teilnahme an einer religiösen Gruppe werde eine akute Krise und Intensivierung des Konfliktes herbeigeführt.
4. Es finde eine Absonderung von den anderen statt, verbunden mit einem Gefühl der Fremde und der Unwirklichkeit.
5. Es folge jetzt ein Gefühl der Unterwerfung, der Aufgabe und der Weihung.
6. Schließlich entstehe ein Gefühl des plötzlichen Verstehens, das durch eine akustische oder optische Halluzination begleitet wird.

Der Konvertit empfinde ein Gefühl der Wandlung innerhalb des Selbst oder in Beziehung zu etwas außerhalb des Selbst. Dieser Wandel werde als Evidenzerfahrung erlebt und ändere das bisherige Verhalten.

Eine interessante Studie legte der amerikanische Psychiater *Nicholi* (1974) vor, der 17 gesunde Studenten untersuchte, die angaben, eine religiöse Konversion durchgemacht zu haben. *Nicholi* folgert aus seinen Untersuchungsergebnissen, daß die religiöse Konversion zu einer Ich-Stabilisierung verhelfe, und bemängelt die Tendenz in der Psychiatrie, jeglichen religiösen Glauben als neurotisch bedingt anzusehen, als eine „Illusion" oder als halluzinatorische Psychose und fügt hinzu, diese Einstellung habe dazu beigetragen, daß unter einer wachsenden Anzahl von jungen Menschen der Eindruck entstanden sei, die Psychiatrie habe ein äußerst gestörtes Verhältnis zu den fundamentalsten Aspekten menschlicher Erfahrung.

Innerhalb der psychiatrischen Konversionsforschung der jüngsten Zeit gibt es auch Richtungen, die versuchen, Verallgemeinerungen zu vermeiden und zwischen pathologischen und nicht-pathologischen Erfahrungen zu differenzieren, und die besonders den Reifungs- und Integrationsaspekten religiöser Konversion nachgegangen sind (u. a. *Allison*, 1967; *Erikson*, 1958; *Galanter*, 1982; *Glenn*, 1970; *Levine*, 1979).

Levine, der über 200 Kultmitglieder in Toronto und Boston aus den verschiedensten Gruppierungen befragt hatte und mit etwa 50 psychotherapeutisch arbeitete, zog aus seiner Erfahrung Bilanz: Durch die Konversion würden zwei psychosoziale Grundbedürfnisse junger Menschen befriedigt werden; nämlich das Gefühl, intensiv zu glauben und das Gefühl der Dazugehörigkeit (believing and belonging). Diese beiden Erfahrungen würden eine signifikante Zunahme des Selbstwertgefühls und der Selbsteinschätzung bedingen. Entfremdung, Demoralisation und ein geringes Selbstwertgefühl seien zumindest für eine gewisse Zeit gemindert oder nicht mehr vorhanden.

Nach *Galanter* (1982) führt die Konversion zur Aufrichtung einer neuen Gruppennorm. Er sieht diesbezüglich Ähnlichkeiten mit den Anonymen Alkoholikern und anderen schützenden Großgruppen. Er plädiert deshalb für einen systemtheoretischen Ansatz und beschreibt die Sekte als charismatische Großgruppe, die ein offenes System darstelle: die Konversion wird als Transformationsstelle zwischen Input und Output beschrieben, wobei Feedback-Mechanismen zu einer Verstärkung des sozialen und kognitiven Wandels führen.

Seit der 1953 erschienenen Arbeit von *Salzman* wird allgemein zwischen einer progressiven, reifen Konversion und einer regressiven, pathologischen unterschieden. Mystisches Erleben wird dabei zur regressiven und damit pathologischen Form gerechnet. *Glenn* (1970) verwahrte sich gegen diese Sichtweise und spricht vom „anti-mystical bias" der Psychiatrie, der die mystische Erfahrung in die Welt der Psychopathologie verbanne. Aus seiner Sicht handelt es sich bei religiösen und mystischen Erfahrungen in einem hohen Maße um adaptative und kreative Prozesse, die nicht immer pathologisch und ein Rückschritt sein müssen. Wiedervereinigung und Wiedergeburt seien eine conditio sine qua non für die Konversionserfahrung. Für *Glenn* gewinnt damit die Konversion die Bedeutung eines konfliktlösenden Ereignisses, wobei ein Vorkonversionsstadium mit inneren Konflikten, Ängsten, Depressionen und einer Selbstsuche typisch ist.

Für *Feinstein* (1980) sind zwei Motivationsfaktoren für die religiöse Konversion entscheidend:
1. Die Unzufriedenheit mit dem augenblicklichen Zustand und
2. die nur langsame Lösung einer Identitätskrise.

Der Psychoanalytiker *Deutsch* (1975) interviewte 14 Anhänger eines 35jährigen amerikanischen Gurus (Meher Baba) in Manhattan und kam zu folgender Feststellung: Die Konversion und die mystischen Zustände würden dazu beitragen, eine ganze Reihe von Konflikten zu lösen, die sowohl ödipalen als auch präödipalen Ursprungs seien und die sowohl sexuellen als auch aggressiven Regungen entspringen würden. Ein Charakteristikum sei der starke Wunsch nach Vereinigung mit dem Guru bzw. mit einem mächtigen Objekt gewesen, gebahnt durch eine gewisse regressive, psychedelische Erfahrung. Der Guru habe einerseits solche Jünger angezogen, die die ideale Mutter suchten, als auch andererseits solche, die den idealen Vater vermißten. Als Ergebnis der Konversion – er nennt es „Faktoren des neuen Glücks" – fand er:
– tiefe Gefühle des Angenommenseins

- Schuldentlastung
- Freiheitsgefühle
- Gefühle, gut und liebend zu sein
- die Entwicklung des Gefühls, nützlich zu sein.

Immer wieder wird in der Literatur der 70er, 80er und 90er Jahre auf eine Gruppe von amerikanischen Autoren zurückgegriffen, die die neureligiösen Bewegungen der 70er Jahre mit dem Begriff „destructive cults“ belegten (u. a. *Clark*, 1977; *Clark* et al, 1981; *Singer*, 1979; *West* und *Singer*, 1980). Die Bezeichnung „destruktive Kulte“ war ihrer Meinung nach gerechtfertigt, da der Konversionsprozeß einer Gehirnwäsche gleichkäme. *West* und *Singer* vermuteten, daß bei diesen destruktiven Kulten u. a. folgende Faktoren des Konversionsvorganges zu wesentlichen Glaubens- und Verhaltensänderungen beitragen, die den Veränderungen, wie sie bei Kriegsgefangenen beobachtet wurden, die in Korea einer Gehirnwäsche unterzogen worden waren, ähnlich sind und manchmal sogar darüber hinausgehen: Isolation, Kontrolle der Kommunikations- und Informationsquellen, Entkräftung durch nicht ausreichende Ernährung und Schlafentzug, Herabsetzung oder Verlust des Selbstwertgefühls. *Clark* (1977) glaubte feststellen zu können, daß zwanghafte Einflußnahmen (coercive persuasion) und Techniken zur Umwandlung der Denkungsart (thought reform techniques) mit Erfolg bei naiven und uninformierten Personen angewandt werden würden und verhängnisvolle Folgen für ihre Gesundheit hätten. In gleichem Sinne äußerte sich *Edwards* (1979), ehemaliges hochrangiges Mitglied der Vereinigungskirche und Autor der biographischen Erzählung: „Crazy for God“. Er meinte, daß die Konversion zur Vereinigungskirche, die er als „techno-religiöse Gruppe“ betrachtete, auf hochentwickelten Techniken der Informationskontrolle beruhe.

In einer 1981 erschienenen Arbeit bieten *Clark*, *Langone*, *Schecter* und *Daly* eine „umfassende Theorie über Kultkonversion und Dekonversion“ an. Sie unterscheiden drei Faktorengruppen: Soziale Faktoren, individuelle Faktoren (Persönlichkeitsmerkmale des angehenden Konvertiten) und Faktoren des Kultmilieus. Bei Anhängern der sogenannten „destruktiven

Kulte" habe es sich im Stadium der Präkonversion um Personen gehandelt, die kulturell ernüchtert waren, eine große Unzufriedenheit im täglichen Leben erfahren hätten (25 % bis 50 % der Mitglieder destruktiver Kulte hätten vor dem Anschluß ernste psychische Probleme gehabt), die eine Tendenz zur religiösen Problemlösung aufwiesen, eine geringe Toleranzschwelle für Unklarheiten hätten, die sich noch in einer Abhängigkeit von Familie oder Altersgenossen befänden und die empfänglich für die Einführung in Trancezustände waren.

In einer sogenannten Anwerbphase kontrolliere „der Anwerber den Informationsfluß derart, daß er so schnell wie möglich und soviel wie möglich über den potentiellen Konvertiten erfährt und ihn dann mit ausgesuchten Informationsteilen konfrontiert, die sein Interesse am Anwerber und der von ihm vertretenen Gruppe erwecken". In der eigentlichen Konversionsphase, die dann beginne, wenn der Neuling an der Kulttätigkeit teilhabe, und ende, wenn er der Gruppe gegenüber eine feste Verpflichtung eingehe, würden folgende Milieufaktoren wirksam werden:

1. Die Informationskontrolle bleibe weiterhin in der Hand des Anwerbers bzw. der Gruppe.
2. Es würde ein Zerfall gewohnter Denk- und Handlungsabläufe (dissoziative Zustände) durch Isolation und Überstimulierung herbeigeführt werden.
3. Es erfolge eine Indoktrination.
4. Es werde abwechselnd Lob und Tadel seitens der Gruppe ausgesprochen.
5. Es käme zur Entkräftung durch unzureichende Ernährung und allgemeine Erschöpfung.

Dieselben Autoren schreiben der Phase der Anpassung an den Kult, d. h. der letzten Phase des Konversionsprozesses (acculturation), folgende wirksame Milieufaktoren zu:

- Entkräftung durch unzureichende Kost und Übermüdung
- Herbeiführung von Trancezuständen
- ständiges Verstärken der Bindung an die Gruppe
- Ausübung konzeptioneller und verhaltensmäßiger Kultgebräuche

- Unterdrücken und Vergessen der alten Identität
- Loyalitätsbeweise.

Müller-Küppers (1995) spricht von psychischer Indoktrination und Manipulationstechniken (Meditationsübungen, Hyperventilation, rhythmische Körperbewegungen, Erschöpfungszustände; begünstigend wirkten zu dem eiweißfreie Kost, Schlafentzug und Fasten), die zu außergewöhnlichen Bewußtseinszuständen führen. Entscheidend für sich einstellende, veränderte Orientierungsnormen seien folgende Faktoren: Verunsicherung der normalen Wahrnehmungsgewißheit, auf dem Glauben an Magie fußende Deutungssysteme, Unentrinnbarkeits-Überzeugung, Annullierung des bisherigen Weltbezugs, Weltflucht mit Verweigerungsverhalten, Umdeutung der Erfahrungswelt. Die soziale Kontrolle der Erlebnisverarbeitung und Erlebnisdeutung sei ausgeschaltet.

Daß es solche Vorgehensweisen im Sinne einer Kultindoktrination in den unterschiedlichsten Gruppen der sogenannten Neuen Jugendreligionen gab und gibt, scheint unbestritten. Ob die beschriebenen Techniken, die mit „Entgrenzungs- und Peak-Erlebnissen" einhergehen, auch zu der oben beschriebenen Abhängigkeit führen, muß jedoch meiner Meinung nach als Verallgemeinerung in Frage gestellt werden (s. Kapitel IV. 3).

In bezug auf entsprechende Persönlichkeitsfaktoren legte *Hargrove* (1978) einen interessanten Erklärungsansatz vor: Sie betrachtete das Überwechseln zu den neureligiösen Bewegungen unter dem Aspekt des religiösen „Angebotes" durch die Sekten und der „Nachfrage" von jungen Menschen entsprechend ihrer Persönlichkeitsstruktur. *Hargrove* nahm an, daß für den von ihr postulierten sogenannten „liberalen Persönlichkeitstypus" die Erfahrung der Entfremdung, d. h., der Unfreiheit, im Vordergrund stehe, für den sogenannten „konservativen Persönlichkeitstyp" hingegen die Erfahrung der Anomie, der fehlenden Ordnung. In „monistischen" neuen religiösen Bewegungen (z. B. TM, Ananda Marga, Neo-Sannyas-Bewegung) werde das Ich von sich selbst durch Entgrenzung befreit, es werde Verschmelzung gesucht. In „dualistischen" neuen Religionen hingegen werde das Ich durch Abgrenzung von der

Orientierungslosigkeit befreit, indem rigide Schranken aufgerichtet werden zwischen Gott und Satan, Erwählten und Nichterwählten, zwischen Gut und Böse.

Schmidtchen (1987) befragte im Mai und Juni 1986 in der BRD 2.113 Personen ab dem 14. Lebensjahr in bezug auf Sektenkenntnisse und auf die Attraktivität von Sekten. Dabei kam er u. a. zu folgendem Ergebnis: Die Hinwendung zu den Sekten geschehe vor dem Hintergrund quasi religiöser Gestaltungsbedürfnisse, insbesondere Selbstfindung, Umgestaltung der Person und der Wunsch nach höherem Bewußtsein stünden hierbei im Vordergrund. Probleme des Personseins, gewissermaßen des Entwurfs der Individualität, würden durch einen längeren Bildungsweg akzentuiert. Junge gebildete Leute würden sich in besonderem Maße mit diesem Thema beschäftigen. Auch korreliere das Interesse an religiösen Gestaltungsbedürfnissen deutlich mit Sektennähe.

Zusammenfassend lassen sich die in der Literatur beschriebenen Erklärungsmodelle religiöser Konversion auf folgende sechs Thesen reduzieren. Es wird davon ausgegangen, daß

1. als prädisponierende Faktoren häufig psychische Konfliktsituationen (Identitätskrisen, Streß etc.) vorliegen, die durch den Prozeß der Konversion – plötzlich oder langsam – eine gewisse Lösung erfahren;
2. bestehende persönliche Beziehungen oder der Aufbau emotionaler Bindungen zu Sektenmitgliedern eine wesentliche Rolle spielen, sei es für die Motivation zur Konversion oder für den eigentlichen Konversionsprozeß;
3. Konversion psychodynamisch eine Regression bedeutet, die in eine Abhängigkeit führt oder eine Progression bedeutet, die einer Stabilisierung und Integration gleichkommt;
4. ein Retter (Guru, Führer), ein rettendes Prinzip (Ideologie und Programm) und eine gerettete Familie (Mitglieder der Bewegung) Faktoren darstellen, die in allen neureligiösen Bewegungen zu finden sind, denen ausschlaggebende Bedeutung für die Konversion zukommt;
5. spezifische „Angebote“ seitens der Sekten entsprechend „passende“ Persönlichkeitstypen von potentiellen Konver-

titen anziehen; daß also die jeweiligen Persönlichkeitsvariablen und die Art des psychischen Konfliktes dazu führen, daß die jeweils spezifische Bewegung ausgewählt oder gefunden wird;

6. für die Konversion das Erleben von außergewöhnlichen (mystischen) oder „dissoziativen" Zuständen oft entscheidend ist und mit der Konversionserfahrung zusammenfallen kann oder daß das Erlebnis als Beweis der stattgefundenen Konversion gedeutet wird. Konversionserlebnis wäre damit Evidenzerfahrung.

3. Eigene empirische Untersuchungsergebnisse zur Konversionsdynamik

Anfang der 80er Jahre führte auch ich eine wissenschaftliche Untersuchung durch, in der der Prozeß religiöser Konversion und Dekonversion bei 25 Anhängern und fünf ehemaligen Anhängern der Neo-Sannyas-Bewegung des Bhagwan Rajneesh Chandra Mohan unter biographischen, psychologischen und psychodynamischen Gesichtspunkten erfolgte (*Klosinski*, 1983). Als Vergleichsgruppe diente eine gleiche Anzahl von Aktiven und Ehemaligen der Transzendentalen Meditation (TM) des Mahesh Prasad Warma (Maharishi Mahesh Yogi). Die Untersuchung wurde als Gruppen- und Einzelfallstudie durchgeführt. Der Schwerpunkt bestand in der Analyse „halbstrukturierter", biographischer Interviews. Als zusätzliches Untersuchungs-„Instrumentarium" diente ein Fragebogen mit 120 Fragen zur Eigen-, Familien- und Sozialgeschichte sowie eine testpsychologische Untersuchung: Der Selbstbeurteilungs-Fragebogen des sogenannten Gießen-Tests. In der Sannyasin-Gruppe betrug die Relation Männer : Frauen 13 : 17, bei den TM-Untersuchten 17 : 13. Das Durchschnittsalter lag bei 31,6 (30,8) Jahren. Die Mitgliedschaftsdauer zum Zeitpunkt des Interviews betrug durchschnittlich 1,2 Jahre (7,5 bei TM).

Zwei Drittel (dreiviertel) der Interviewten gaben an, in der Adoleszenz schwerwiegende Probleme mit sich, den Eltern oder mit der Peer-Gruppe gehabt zu haben. 60 % (67 %) bezeichneten sich als religiös Suchende, und 67 % (57 %) berichteten über mystische Erlebnisse vor der Konversion, wobei Gefühle der Allverbundenheit an erster Stelle genannt wurden. Ein Drittel der Befragten befand sich in einer allgemeinen Krisensituation. Aus der Sicht der betroffenen Sannyasins und der TM-Meditierenden bewirkte ihr Beitritt zur Bewegung einen Zuwachs an sozialer Potenz und sozialer Resonanz, eine größere Offenheit sowie den Abbau depressiven Verhaltens und den Aufbau einer leicht heiter-erregten Grundeinstellung. Ein Drittel der Untersuchten in jeder Gruppe wurden von mir als psychisch nicht oder nicht wesentlich auffällig eingeschätzt. Bei jeweils einem weiteren Drittel ließ sich hinter einer euphorischen Stimmung eine depressive Grundstruktur erkennen. Während zwangsneurotische Tendenzen signifikant häufiger in der TM-Gruppe zu finden waren, und dabei in auffälliger Weise nur bei den Männern, überwogen in der Tendenz hysterisch-strukturierte Persönlichkeiten (besonders Frauen) in der Rajneesh-Bewegung. Eine Sannyasin war zum Zeitpunkt des Interviews in einem vorpsychotischen Zustand und mußte Wochen später wegen einer akuten Psychose stationär aufgenommen werden. Insgesamt handelt es sich jedoch bei den Interviewten um noch „normal-neurotische" Persönlichkeiten.

Die Analyse der 60 Interviews ergab, daß bei TM-Meditierenden Beziehungsaspekte und Übertragungsphänomene auf den „Meister" keine so entscheidende Rolle für den Beitritt zur Bewegung spielten, wie dies bei den Sannyasins der Fall war. Dagegen kann für beide Vergleichsgruppen die Bedeutung der persönlichen Beziehung zu bereits „Konvertierten", im Sinne einer Schrittmacherfunktion auf dem Wege zum Beitritt, nicht hoch genug eingeschätzt werden. Während man bei den Sannyasins berechtigterweise von einem Neuanfang, von einer inneren Umkehr im Sinne einer religiösen Konversion sprechen kann, erschien dies bei TM-Meditierenden fragwürdig. Die Auswertung der Sannyasin-Interviews ergab, daß 73 % der Befragten über schwerwiegende familiäre und außerfamiliäre Beziehungsstörungen in ihrer Adoleszenzphase berichteten. Ferner zeigte sich, daß häufiger und in vielfältigerer Weise als bei TM-Meditierenden „überwache" und „außerwache physiologische Bewußtseinszustände" für die Entstehung von Schlüssel- und Evidenzerlebnissen wichtig waren. Es handelte sich dabei um außergewöhnliche Erlebnisse, die, durch entsprechende Techniken intendiert und induziert, zu rauschartig-ekstatischen Zuständen, zu Verlusten der sensorischen Wahrnehmungsfähigkeit oder, in hypnoider Versenkung, zu affekt- und wunschbedingten Halluzinationen führten. Sie waren meist verbunden mit ungewöhnlichen Wahrnehmungen des eigenen Körpers, mit Entgrenzungserlebnissen, mit Derealisations- und Depersonalisationsphänomenen sowie mit einer Auflösung des Raum- und Zeitgefühls. Das Möglichwerden solcher Erlebnisse wurde von den Präkonvertiten mit dem „Meister" in Verbindung gebracht, und häufig erfolgte aus Dankbarkeit für diese Erlebnisse der Entschluß zur Initiation, d. h. zum Eintritt in die Sekte.

Da bei den Erlebnissen traumartige Bildszenen und Visionen eine besondere Rolle spielten, interessierte in diesem Zusammenhang, welche verschiedene Zugänge generell zum Erleben von inneren Bildern führen. Es ist seit langem bekannt, daß es in der Fremd- und Selbsthypnose sowie bei meditativen Praktiken ab einem entsprechenden Versenkungsgrad regelmäßig zum Aufsteigen innerer Bilder kommt. Ein Rückblick in die Medizingeschichte zeigt auch, daß seit über hundert Jahren meditative Methoden Eingang in die Psychotherapie gefunden haben. Seit dem Begriff des „mental imagery" von *Galton* (1883)[1] wurden vielfältige Methoden entwickelt, um

1 *Galton* (1883) verstand unter „mental imagery" jegliche Art innerer Bilderlebnisse, vor allem aber die Methoden der Psychologie und Psychotherapie, in denen eine Versuchsperson oder ein Patient in einem entspannten oder hypnotischen Zustand Bilder sieht, über die er dem Versuchsleiter oder dem Arzt berichtet. Wegen ihrer historischen Bedeutung wurde die gleiche Bezeichnung zum Namen einer internationalen wissenschaftlichen Gesellschaft gewählt, die 1968 in Genf gegründet wurde, die „Société Internationale des Techniques d' Imagerie Mentale" (SITIM). – Einen umfassenden Überblick über die verschiedenen Methoden psychotherapeutischer Anwendung des Bilderlebens geben *Frétigny & Virel* (1968).

diese Fähigkeiten zur Bilderschau therapeutisch zu nutzen. Da die damit verbundenen Zusammenhänge bei uns in Deutschland wenig bekannt sind, darf ich noch kurz einige Erläuterungen hinzufügen. In seinem Werk „Névroses et idées fixes" hat *Janet* (1898) jene Technik der „cristal-vision" beschrieben, bei der ein Patient angewiesen wird, eine Kristallkugel zu betrachten und die dabei aufsteigenden Bilder zu berichten. Später hat *Stokvis* (1965) diese „Fixationsmethode" genauer erläutert, sie geschichtlich von der „Nabelschau" der Athos-Mönche bis zur Gegenwart verfolgt und neurologisch das Eintreten eines (selbst)hypnotischen Zustandes durch die enge Verbindung zwischen Oculomotoriuskern (Kerngebiet des dritten Hirnnerven) und dem Schlafzentrum erklärt.

Außerwaches Bilderleben wurde als Psychotherapiemethode im deutschen Sprachbereich vor allem von *C. G. Jung* (1971) mit seiner „Aktiven Imagination" angewandt, ferner von *E. Kretschmer* (1950) im „Bildstreifendenken" und von *Leuner* (1970), der das „katathyme Bilderleben" entwickelte. Auch die Oberstufe des Autogenen Trainings von *I. H. Schultz* (1966) kennt das „Bildern" im hypnoiden Zustand und setzt es therapeutisch ein. Bekannt ist (*Rosa*, 1975), daß es bei manchen Menschen bereits in leichten Hypnosezuständen der Unterstufe des Autogenen Trainings (AT) zum Bilderleben kommt.

Zurück zu den von mir Interviewten. Deren häufige Unkenntnis über die physiologischen Vorgänge und Umschaltmechanismen bei Entspannungsübungen führte dazu, daß erstmalig erlebte Binnenwahrnehmungen körperlicher Vorgänge als außerordentliche oder „mystische" Erlebnisse gedeutet wurden. Hierzu einige Beispiele:

Ein Sannyasin erlebt sein „energy-Gefühl" bei einer Meditation wie folgt: „Ich bin nur noch Energie von oben bis unten ... Mir ist die Energie durch die Finger, durch den ganzen Körper heiß geströmt, so daß ich das Gefühl gehabt habe, mir ist das fast zuviel, ich bekomme Angst." Was hier beschrieben wird, entspricht dem Wärmeerlebnis bei der Wärmeübung der Unterstufe des Autogenen Trainings. Es handelt sich schlicht um die Wahrnehmung einer stärkeren Durchblutung des eigenen Körpers.

Ein anderer Sannyasin erzählte über ungewöhnliche Erlebnisse während oder nach den Rebirthing-Sitzungen (verstärkte Hyperventilation, d. h. schnelles, kurzes Ein- und Ausatmen oder Hecheln): „Ich bin total am Brennen, entweder es verbrennt, oder es stirbt – und alles war unheimlich schön. Ich dachte: o Gott, ja – Bhagwan, der hat das alles möglich gemacht." Der Betreffende ließ sich nach dieser Sitzung zum Sektenmitglied weihen!

Als Ergebnis meiner Untersuchung konnte ich für die Neo-Sannyas-Bewegung fünf Konversionsformen festhalten, in denen unterschiedliche Arten von Beziehungsübertragungen mit außergewöhnlichen Erlebnissen in Zusammenhang gebracht werden. Unter psychodynamischen Aspekten ließen sich folgende Konversionswege beschreiben:

Konversionsform I:
Durch intensive Beziehungsübertragungen (Projektionen) auf den „erleuchteten Meister" (Bhagwan) kam es zu einer Reaktivierung des sogenannten „Größen-Selbst" mit Verschmelzungs-, Energie- oder Mediumerlebnissen. Diese Form der Konversion fand sich gehäuft bei Interviewten mit einer narzißtischen Veranlagung.

Konversionsform II:
Hier kam es zu einer idealisierenden Übertragung auf Bhagwan im Sinne eines erlaubenden, gütigen Vaters, d. h. zum Aufbau eines weniger strengen Überich-Ideals. Bei den Betroffenen, die unter Schuldgefühlen litten, kam es durch Absolutionserlebnisse, die Bhagwan ermöglichte, zum Abbau der Schuldproblematik.

Konversionsform III:
Bei Sannyasins, die hysterische Tendenzen oder eine homoerotische Problematik aufwiesen, erfolgte eine erotisch aufgeladene Übertragung auf den „Meister" mit der Erfahrung ungewöhnlicher Körperempfindungen, wie z. B. Blitzerlebnisse,

Gefühle des Brennens, Energieerlebnisse und Inkorporationswahrnehmungen.

Konversionsform IV:
Während es bei den vorangegangenen „Bekehrungswegen“ zu einer Übertragung auf den „Meister“ kam, erfolgte bei vornehmlich depressiven Sannyasinanwärtern die Übertragung auf eine Sannyasin- bzw. Poona-Therapeutin im Sinne einer idealisierenden Mutter-Übertragung mit Sterbe- und Geburtserlebnissen.

Konversionsform V:
Dieser Konversionstyp konnte gehäuft bei Interviewten nachgewiesen werden, die in ihrer Biographie unter psychosomatischen Beschwerden gelitten hatten oder familiäre Außenseiter gewesen waren. Bei ihnen kam es zu einer idealisierenden Übertragung auf die Gruppe als Ganzes, die dann die Funktion eines sozialen Uterus und einer heilen, idealen Familie einnahm. Tiefe Geborgenheitserlebnisse und Gefühle des An- und Nach-Hause-Kommens („Coming-home-Erlebnisse“) sowie ausgeprägte „Wir-Erfahrungen“ waren charakteristisch (*Klosinski*, 1983, 1985).

In Einzelfällen waren, bei länger andauerndem Konversionsprozeß verschiedene Formen der eben beschriebenen Konversionswege zeitlich hintereinandergeschaltet oder überlappten sich. Der Austritt aus der Bewegung erfolgte durch ein Überwechseln zu einer anderen religiösen Gruppe, im Sinne einer neuerlichen Konversion oder durch eine Distanzierung von der Großgruppe unter Aufrechterhaltung der idealisierenden Übertragung auf den „Meister“. Im Prozeß der Konversion erleichterten auch hier Vorbilder den entscheidenden Schritt. Dies traf auch für die Ehemaligen der TM-Bewegung zu, die zum Teil nach dem Absprung weiter meditierten. Austrittsgründe lagen in tiefen Enttäuschungen als Folge zu hoch gespannter, sich nicht erfüllender Erwartungen sowie in der kontinuierlichen Abnahme des „Poona-Hochgefühls“.

Ich bin der Auffassung, daß die oben beschriebene Konversionsform V keineswegs bhagwanspezifisch, sondern ein relativ häufig vorkommender Weg zu religiösen oder quasireligiösen Gruppierungen ist: Die Aufnahme in die Großgruppe dient hier als Verstärker, die Gruppe trägt sozusagen zur Stabilisierung des Selbstwertgefühles bei. Dies läßt sich auch bei Personen feststellen, die in politische Gruppierungen oder in Vereine eintreten. Alle Psychokulte und religiösen Gruppierungen, die von einem Guru, Meister oder Heiligen angeführt werden, führen bei einem Teil der potentiellen Konvertiten zu den oben beschriebenen Konversionswegen I und II, d. h., es erfolgen intensive Übertragungen und Projektionen auf den Meister, die dann letztlich zu Evidenzerlebnissen führen.

Wir können ziemlich sicher sein, daß es auch bei einem Übertritt zu okkulten Zirkeln, die eine Führerperson haben, häufig zu narzißtischen Größenphantasien kommt, die mit Verschmelzungs- und Mediumerlebnissen einhergehen. Jugendliche, die an Seancen, Messen im Rahmen von spiritistischen und satanistischen Gruppierungen teilnehmen, laufen Gefahr, eine idealisierende Übertragung auf die Gruppe als Ganzes vorzunehmen (entsprechend dem hier vorgestellten V. Konversionsweg). Jugendliche oder junge Erwachsene, bei denen sexuelle Praktiken innerhalb ihrer Okkultismusaktivität im Vordergrund stehen, nehmen eher im Sinne des beschriebenen Konversionsweges III eine erotische oder homoerotische Übertragung vor, immer vorausgesetzt, die entsprechende Gruppe wird von einer Führerpersönlichkeit geleitet (s. auch *Klosinski*, 1990).

Auswirkungen der Konversion:
Als problematische Auswirkungen der aktiven Hinwendung zur Bhagwansekte wurden u. a. der völlige oder partielle „soziale Ausstieg“ unter Aufgabe des Berufs angesehen sowie die Entwicklung einer Abhängigkeit vom „Meister“ (Bhagwan) und das Verlernen der Fähigkeit vorauszuplanen. Bedenklich erschien bei beiden Bewegungen, bei der TM- und der Neo-Sannyas-Bewegung, daß das Herbeiführen von meditativen Versenkungszuständen und Entgrenzungserleb-

nissen bei Personen mit labilen Ich-Strukturen zu einer psychischen Störung führen kann, indem es zur Überflutung mit Bildern aus dem Unbewußten kommt, insbesondere dann, wenn durch forciertes Vorgehen der Sektenangehörigen die Abwehr der Betreffenden unterlaufen wird, wie dies bei einer Sannyasin erfolgt war. Eine TM-Meditierende berichtete von Suizidgedanken, die durch die Meditation auftraten. Als TM-Lehrerin wagte sie jedoch nicht, dies anderen mitzuteilen.

Bei über der Hälfte der Interviewten in der Sannyasin-Gruppe konnte allerdings eine Stabilisierung und positive Entwicklung durch die Konversion festgestellt werden. Zu nennen sind u. a. der Integrationsversuch bislang unterdrückter, nicht gelebter Persönlichkeitsanteile; der erfolgreiche Versuch, aus einer depressiven Entwicklung auszubrechen und sich auf eine Begegnung und Konfrontation mit anderen einzulassen; eine deutliche psychische Entlastung durch den Abbau des Gefühls der eigenen Andersartigkeit; das Erreichen einer anhaltenden Alkohol- oder Drogenabstinenz bei früherer Suchtproblematik; der Abbau von Insuffizienz- und Minderwertigkeitsgefühlen und die Zunahme an Selbstsicherheit und Konfliktbereitschaft.

Auch wenn sich die Untersuchungsergebnisse der beiden Vergleichsgruppen in dieser Studie nur teilweise decken, erscheint eine begrenzte allgemeine Aussage zum Wechsel zu neureligiösen Gruppierungen und Okkultbewegungen möglich: Insbesondere für familiäre Außenseiter und selbstunsichere Persönlichkeiten, die während ihrer Pubertäts- und Adoleszentenphase größere Probleme mit der Gleichaltrigengruppe und den Eltern hatten, bedeutet der Beitritt, daß sie in eine sie tragende und sie voll akzeptierende Gruppe aufgenommen werden. Damit wird ein bestehendes Beziehungsdefizit zunächst ausgeglichen. Dies führt zum Aufbau einer ausgeprägten Gruppenidentität und leicht manischen Grundstimmung. Es handelt sich hierbei um einen unspezifischen Gruppeneffekt, der auch in aktiven christlichen Gruppen wichtig ist. Akute Beziehungsprobleme und nicht gelöste Ablösungsprobleme von den Eltern begünstigen die Hinwendung zu einer Bewegung mit einem charismatischen idealisierten Führer. Der enge persönliche Kontakt zu bereits Konvertierten, die Vorbildfunktionen ausüben, ist in vielen Fällen eines der wichtigsten Motive für den Beitritt, wobei es gleichfalls zu idealisierenden Beziehungsübertragungen kommt.

V. Schnittpunkt Religion und Psychiatrie

1. Von der Vielfalt religiösen Erlebens und den psychopathologischen Formen religiöser Erfahrung

Der moderne Priester der Neuzeit, der Psychiater und Psychotherapeut, wird nicht umhinkommen, in einer Zeit, in der die praktizierte Religiosität in unseren institutionalisierten Kirchen immer weniger attraktiv zu sein scheint und in der Sinnfindungskrisen und apokalyptische Zukunftsängste grassieren, Stellung zur religiösen Dimension des Menschen zu beziehen. Es genügt eben nicht, religiöse Entgleisungen ins Psychopathologische als Beweis dafür anzusehen, daß der aufgeklärte neuzeitliche Mensch das Korsett religiösen Glaubens längst abgelegt habe. Es genügt auch nicht, Religion als Opium für das Volk (*Marx*) oder als kollektive Neurose (*Freud*) anzusehen. Zahlreiche psychische Krisen sind Ausdruck von Erschütterungen des Selbstwertgefühls und des Lebenssinnes, wodurch in aller Regel auch die Dimension des religiösen Seins in Mitleidenschaft gezogen oder zumindest tangiert wird. Es ist eine Erfahrung der Alltagspraxis, daß dem Psychiater, Psychotherapeuten oder Psychologen Religion überwiegend in der abwegigen Form von Zwangskrankheiten begegnet, mit häufig gegen religiöse Inhalte und Symbole gerichteten Zwangsgedanken oder Impulsen. Sie begegnet ihm ferner in dem nicht nachvollziehbaren Schulderleben der (endogenen) depressiven Erkrankungen und als Wahn in den sogenannten schizophrenen Psychosen (*Wyss*, 1991). *Frankl* (1974) geht noch weiter, wenn er postuliert: „Es dürfe wohl keine sogenannten ‚Neurosen' oder ‚Psychosen' geben, in denen nicht in einer stets abkünftig-verzerrten Form religiöse Inhalte sichtbar werden." Insbesondere bei psychotischen

Erkrankungen kommt es recht häufig zu religiösen Wahnvorstellungen. Hierbei treten, da die Ich- und Selbst-Grenzen fließend werden, dauerhafte, d. h. in der Erkrankung andauernde, Verschmelzungs- und Größenphantasien auf, die der Mystiker in der Meditation oder im Satori-Erlebnis des japanischen Zen oder beim Sufi-Tanz lediglich punktuell und kurzfristig erfährt.

Es ist sehr wahrscheinlich, daß es sich bei vielen göttlichen Erscheinungen und Visionen von Menschen, die später von der Kirche heiliggesprochen wurden, um hypnagoge Halluzinationen oder um Vorstufen epileptischer Anfälle (epileptische Auren) bzw. um andere psychopathologische Zustandsbilder gehandelt hat. Die Schlußfolgerung, religiöses Erleben sei deshalb schlechthin pathologisch, greift aber dennoch zu kurz. Tiefenerfahrungen oder Erlebnisse von Hochgefühlen, von Ungewöhnlichem, Außerordentlichem, Transzendentalem, gehörten mit zum normalen Inventar menschlicher Erfahrung, sei es in Form von Nacht-Traum-Erlebnissen, von Tagträumen, hypnagogen Halluzinationen oder Bilderlebnissen in tiefen Meditationen. Gleichwohl ist das subjektive Erleben für den einzelnen etwas, was er häufig als Evidenzerlebnis in Beziehung setzt zu einem religiösen Hintergrund, einer religiösen Gruppierung. Die Abwendung von den kirchlichen Konfessionen hin zum Esoterischen des New Age, zum Spiritistischen, Okkulten und zum religiös ganz Andersartigen ist u. a. Ausdruck einer religiösen Suchbewegung, ist Zeichen einer „Erkrankung“ an weltanschaulich-religiöser Heimatlosigkeit, in denen sich die Halt- und Bindungslosigkeit bisheriger religiöser Verortung manifestiert. Doch vergessen wir nicht: Diejenigen, die sich zu einer neuerlichen religiösen Suche aufmachen, sind unter Umständen gesünder als jene, die in erstarrten religiösen Bezügen verharren.

2. Religiös-rigoristische, fundamentalistische Haltungen und ihr Einfluß auf die Persönlichkeitsentwicklung

Nach *Gladigow* (1994) sind Dogmen, Glaubensbekenntnisse, Fundamentals kulturspezifische Reaktionen auf erzwungene Komplexitätssteigerungen kultureller Systeme. Fundamentalistische Haltungen ließen sich vor dem Hintergrund von traditionellen Mustern als „Binnenkonversionen“ (*Mohr*, 1993) beschreiben, bei denen eine neue „Innengrenze“ der „eigenen“ Religion erzeugt wird. Das Innen-Außen-Schema werde dann so rigide angewandt, daß die nichtfundamentalistischen Mitglieder der eigenen Religion als besonders gefährliche Feinde und Theoretiker, als Kollaborateure mit gefährlichen Mächten, insbesondere mit der Macht des Bösen dargestellt werden können. Die Zurückweisung der „anderen“, die aus der eigenen Tradition kommen, hat konkrete Rückwirkung auch auf die Lebenswelten Heranwachsender und ihre Wahrnehmung der sozialen Umwelt (*Stodt*, 1987).

Wenn wir unterstellen, daß es in der Adoleszenz zu einer normativen Krise kommt, in der bisherige Wertvorstellungen hinterfragt und vorübergehend abgelehnt werden (ein Hinweis hierfür wäre der Umstand, daß nur ein verschwindend geringer Anteil von Konfirmanden nach ihrer Konfirmation noch aktive Kirchengänger sind), bedeutet dies für die religiöse Sinnsuche, daß für den Jugendlichen unserer heutigen Zeit ein Aussuchen und Auswählen auch in dieser Frage zum Muß wird.

Bei fundamentalistischen christlichen Bewegungen, bei christlichen Sekten und neureligiösen Gruppierungen sowie bei Psychokulten wird innerhalb der gläubigen Gruppe eine kollektive Verbindlichkeit formuliert, die entweder durch Kanonisierung, Symbolkontrolle oder Gruppendruck erreicht wird. Was die fundamentalistischen Bewegungen, die vornehmlich aus den USA stammen, angeht, so gibt es hier fünf sogenannte Fundamentals:

1. Jedes Wort in der Bibel ist wahr.
2. Ebenso wahr ist die Jungfrauengeburt.

3. Wahr ist die körperliche Wiederauferstehung.
4. Wahr ist das Sühneopfer.
5. Wahr ist die leibliche Wiederkehr Christi.

Für jede religiöse Gruppierung ließe sich nun formulieren, sofern sie religiös-rigoristisch ist, welche Dogmen und „essentials" unabdingbar sind, wo kein Zweifel und kein Widerspruch geduldet wird.

Nach *Gladigow* (1994) – und ich stimme ihm hierin zu – sind rigoristische Haltungen nicht primär nur dadurch charakterisiert, daß etwa Restriktionen lediglich verschärft oder kumuliert werden, sondern vor allem dadurch, daß gerade die Lebensbereiche wieder in den Geltungsbereich religiöser Normierungen einbezogen werden, die im Rahmen der allgemeinen kulturellen Differenzierungsprozesse der Gesellschaft bereits „ausgegliedert" wurden. Fundamentalistische Bewegungen der großen Religionen und religiös-rigoristische Gruppierungen mit elitärem Sendungsbewußtsein leben gerade von der Utopie eines kohärenten Sinnsystems für die eigene Gesellschaft und konstruieren mit allen Mitteln eine gesamtgesellschaftliche Verbindlichkeit (vgl. *Gladigow*, 1994).

Neben diesem mehr soziologischen und religionswissenschaftlichen Aspekt im Hinblick auf die negativen Auswirkungen rigoristisch-fundamentalistischer Haltungen von Eltern auf die Sozialisation ihrer Kinder möchte ich nun noch auf ihre psychologische, psychodynamische Bedeutung zu sprechen kommen. *Sigmund Freud* hatte bereits in seiner 1907 erschienenen Abhandlung „Zwangshandlungen und Religionsübungen" auf die krankmachende Bedeutung der Religion in diesem Zusammenhang hingewiesen. Zwangsneurotische Menschen entwickeln ein strenges, rigides, überstarkes „Über-Ich". Gott als höchste Instanz bietet sich daher bei einer streng religiösen Erziehung als Verkörperung eines solch starken Über-Ich geradezu an. Das gleiche gilt auch für Menschen, die sich aufgrund einer entsprechenden pädagogischen Haltung ihrer Umwelt einer besonderen religiösen Anstrengung unterziehen, also besonders fromm sein wollen, dies dann aber in Form depressiven Verhaltens und Empfindens auszugleichen suchen.

Hole (1994) hat diese Psychodynamik wie folgt herausgearbeitet:

1. Es kommt zu einem besonders strengen Über-Ich, als unbewußte Übernahme strenger Außenautoritäten (Eltern, Erzieher, Gott) mit typischem sadistischem Einschlag gegen das eigene Ich. Es bemächtigt sich der vorgegebenen rigoristischen religiösen Inhalte und stellt sich gegen die normalen Entfaltungsbedürfnisse des Ich.
2. Als Folge hiervon setzt eine starke Neigung zur Entwicklung von Schuldgefühlen ein, die mit Strafängsten und Minderwertigkeitsgefühlen schon bei geringfügigen alltäglichen Verfehlungen verbunden sind, ganz unabhängig von wirklicher Schuld und deren üblichen Bewertungskriterien.
3. Eine Neigung zu ausgeprägtem Perfektionismus macht sich breit, verbunden mit starker Leistungsorientiertheit; in spezieller religiöser Hinsicht äußert sich dies als ein Streben nach Vollkommenheit. Ziel ist hierbei immer die hundertprozentige Erfüllung bestehender oder selbstauferlegter Pflichten.
4. Schließlich kommt es zu einer deutlichen Aggressionshemmung, verbunden mit einem entsprechendem Harmonieideal, was die zwischenmenschlichen Beziehungen angeht, sowie der Unfähigkeit, „nein“ sagen und sich durchsetzen zu können. Dies führt dann zum Rückzugsverhalten in kritischen sozialen Situationen, das sich als familiäres Muster oft im Sinne einer erlernten Hilflosigkeit offenbart. Oft zeigt sich hierbei das starke Bedürfnis, diese neurotisch bedingte Unfähigkeit zu rationalisieren und ethisch zu begründen, was wir als sogenannte neurotische Ideologie bezeichnen: Das Argument also, daß ja eine solche Haltung eben ethisch und religiös gefordert sei, was neben einer Vielzahl sonstiger möglicher altruistischer Einstellungen mit Begriffen wie „Selbstverleugnung“, „Demut“, „Bescheidenheit“ bezeichnet wird.

Hole (1994) spricht in diesem Zusammenhang von biblischen Panzerungen, von einem sadistisch-unbarmherzigen, gegen das eigene Ich wütenden Über-Ich. Bei diesen Menschen, die ihre rigid-rigoristische religiöse Erziehung depressiv auszugleichen versuchen, besteht eine idealisierte Selbstverleugnung, der als Gegenpol mehr oder weniger unbewußt eine Bestätigung und Förderung typischer neurotischen Größenphantasien gegenübersteht: Eigentlich wollen die Betreffenden die Besten unter den Frommen, die Größten im Himmelreich sein. Die Depression ist Auswirkung der Selbstbestrafung, weil man schuldig ist, insofern man das Ziel nicht erfüllen und erreichen konnte. Bei den zwangsneurotisch erkrankten Menschen dagegen dienen Zwangsrituale und Zwangsgedanken dazu, sich wegen ihrer „Verfehlung" anbahnendes Unheil doch noch abzuwenden. Auch hier sind Selbstbestrafungstendenzen unübersehbar. Beide, die depressive Dekompensation und die zwangsneurotische Entgleisung als Folge einer zu strengen rigid-religiösen Erziehung, sind bekannte und vielfach belegte Auswirkungen einer religiös bedingten, pathologischen Sozialisation.

Alle Sekten und neureligiösen Gruppierungen tendieren dazu, „neue Welten der Vollkommenheit" zu entwerfen, die mit idealisierbaren Personen, Gemeinschaften und Zielen bevölkert werden. Meist wird mit dem Guru, dem Apostel, mit der Person, die als Medium des Göttlichen fungiert, eine intensive narzißtische Objektbeziehung eingegangen, die sich dadurch auszeichnet, daß der Anhänger die überhöhte Person bewundert, verehrt, lobt, preist, anbetet und vergöttert. Es findet damit eine Identifikation und Idealisierung statt, die zu einer Überhöhung des eigenen Selbst und zur Befriedigung eigener Größenphantasien führt. Wenn Gott in solchen Bewegungen zum unenttäuschbaren Idol wird, dann findet keine Realitätsprüfung mit der Außenwelt oder mit Andersdenkenden statt, da der Gläubige tatsächliche Enttäuschungen stets umdeuten kann als „Gottes unerforschlichen Ratschluß" (vgl. *Henseler*, 1994).

Eine der entscheidenden Negativauswirkungen in solchen Gruppierungen ergibt sich daraus, daß die Fähigkeit, Ambivalenzen auszuhalten, nicht mehr besteht. Ambivalenzen, die auch zu einer Infragestellung des eigenen Glaubens, d. h. zum

Zweifel und zur stetigen Auseinandersetzung mit anderen führen müßte. Das überstarke Über-Ich sowie die narzißtische Überhöhung der Größenphantasien lassen dies nicht mehr zu; der Betreffende ist sozusagen abgeschottet, gefangen in seiner intrapsychischen Rigidität, die mit Ausdruck einer verinnerlichten, durch die Bezugspersonen und die religiöse Gemeinde indoktrinierten Psychodynamik ist.

3. Beispiele negativer psychosozialer Entwicklungen unter religiös-rigoristischen Bedingungen im Elternhaus

Von *Schätzing* (1955) stammt der Begriff „ekklesiogene Neurosen", zu dem *Thomas* (1964) folgende Erläuterung gab:

„In kirchlichen, besonders in pietistischen Kreisen ist eine enge, gesetzliche und leibesfeindliche Erziehung weit verbreitet, die besonders in der Frage der Geschlechtlichkeit vom Grundsatz des ‚Tabuisierens' ausgeht, d. h. vom gleichzeitigen Verschweigen, Verbieten und Bedrohen."

Inzwischen ist die Bezeichnung „ekklesiogene Neurose" Allgemeingut der psychotherapeutischen Wissenschaft geworden; 1957 widmeten die österreichischen Psychotherapeuten den ekklesiogenen Neurosen sogar einen eigenen Kongreß. 1958 fand an der Yale University Divinity School in New Haven (USA) eine Tagung unter dem Thema: „Seelsorge als Ursache und als Heilung von Neurosen" statt. Daß es in den katholischen Kirchen und in den evangelischen Landeskirchen Gruppierungen und Gemeinden gibt, die einen strafendrichtenden, sexualitäts- und leibfeindlichen wie verfolgenden Gott herausstreichen, ist leider nicht nur eine Annahme. *Thomas* zitiert in seinem 1964 erschienenen Buch *Bovet*, welcher schätzt, daß 75% derjenigen Jungen und Mädchen, die für längere Zeit in christlichen bzw. pietistischen Jugendkreisen erzogen worden sind, innerlich eheunfähig und frigide werden, d. h. an einer ekklesiogenen Neurose erkranken. In einer neueren Studie (*Thomas*, 1989) der Ärztlichen Lebensmüdenberatung in Berlin fanden sich unter den neurotischen

Patienten 43 %, die als ekklesiogen erkrankt eingestuft wurden.

Im Laufe meines kinder- und jugendpsychiatrischen Alltags habe ich vereinzelt Pubertierende und Präpubertierende sowie Adoleszenten kennengelernt, die sich in blasphemischen Äußerungen Luft verschafften gegen einen übermächtigen, strengen Vater und damit gegen ein internalisiertes überstrenges „Über-Ich" (im Sinne eines strafenden Gottes) (*Klosinski*, 1980). Nur selten sind Jugendliche mit religiösen Problemen jedoch in der Lage, in Form solcher blasphemischer Verbalinjurien indirekt gegen ihre Eltern zu rebellieren. Viel häufiger scheint sich hingegen ein pubertärer Ablösungs- und Trennungskonflikt von den Eltern hinter psychotischen, zwanghaften und anorektischen (magersüchtigen) Symptomen zu manifestieren, insbesondere bei jenen Jugendlichen, die aus streng moralisierenden, christlichen Sekten stammen. Diese Jugendlichen sind nicht in die Sekte konvertiert, sondern in ihr aufgewachsen, und ihre psychopathologische Auffälligkeit bzw. Erkrankung ist mit hervorgerufen durch eine erschwerte oder mißlungene Absetzbewegung von den Eltern. Solche Jugendliche, die aus kleinen religiösen Randgruppen stammen, die in ihrer „Marginalität" ein sehr enges Zusammengehörigkeitsgefühl, eine enge Kohäsion aufweisen, müssen sich in der Phase ihrer Ablösung nicht nur gegen die Autorität der Eltern auflehnen, sondern fühlen sich in dieser Auseinandersetzung häufig „gezwungen", zusätzlich gegen den religiösen Hintergrund der Eltern anzukämpfen und diesen in Frage zu stellen. Nicht wenige der betroffenen Jugendlichen fallen damit aber in ein „Loch" und haben es – im Vergleich zu evangelischen oder katholischen Jugendlichen – mit der Selbstfindung schwerer, da ihnen seitens der Eltern und der Sekte viel weniger erlaubt wird, den bisherigen gemeinsamen religiösen, familiären Bezug in Frage zu stellen.

Die beiden großen Konfessionen haben im Vergleich zu den vielen passiven „Karteileichen" zahlenmäßig wenig aktive Mitglieder. Evangelische und katholische Jugendliche wissen dies, denn sie nehmen durchaus wahr, daß das religiöse Eingebundensein in Form aktiver Teilnahme am religiösen Leben für die Erwachsenen eher eine Ausnahme ist. Insofern macht es die evangelische und katholische Kirche den Jugendlichen leichter, sich auch von dieser Kirche abzuwenden. Eben weil die mitgliederschwachen Sekten ein besonderes Gemeinschaftsgefühl, man könnte auch von einem „Diaspora-Gefühl" sprechen, in Abgrenzung zu den zahlenmäßig übermächtigen etablierten Konfessionen entwickeln, sind Abkehrbewegungen für die Jugendlichen aus christlichen Sekten nicht normale „normative Krisen", sondern kommen einem Verrat und einer Attacke auf die Großgruppengemeinschaft gleich. Erschwerte jugendliche Ablösungsprobleme vom Elternhaus im Sinne ekklesiogener Neurosen und Psychosen konnten wir in der Schweiz anhand einer Untersuchung belegen (*Klosinski*, 1990): In der kinder- und jugendpsychiatrischen Klinik der Universität Bern wurden zwischen 1982 und 1986 neun Jugendliche stationär behandelt, die aus streng moralisierenden, stark religiös-christlichen Sekten stammten und entweder eine Pubertätsmagersucht, eine Zwangsneurose oder eine Psychose entwickelt hatten. Im gleichen Zeitraum waren insgesamt 42 Patientinnen und Patienten im Alter zwischen 12 und 17 Jahren aufgenommen worden, d. h. der Anteil der psychiatrisch auffälligen Pubertierenden und Jugendlichen aus streng moralisierenden Sekten betrug 21,4 %.

Im gleichen Untersuchungszeitraum waren 132 Kinder aller Altersstufen in stationärer Behandlung, 14 Kinder kamen aus christlichen Sekten. Während also von den 132 Patienten aller Altersstufen 42, d. h. 31,8 %, Pubertierende bzw. Jugendliche waren, waren es unter den Patienten aus dem Sektenmilieu 9 von 14 (= 64,3 %). Die Volkszählung 1980 ergab für den Kanton Bern 1,4 % Einwohner, die einer christlichen Sekte angehörten. Damit war in unserer stationären kinder- und jugendpsychiatrischen Klientel der Prozentsatz von Kindern aus christlich-religiösen marginalen Gruppen (bezogen auf alle Altersgruppen) um das 7,5fache über dem Erwartungswert, auf die Pubertierenden bezogen gar um das 12,5fache! Auch wenn man in Rechnung stellt, daß zwei der neun pubertierenden

Patienten aus dem Sektenmilieu nicht im Kanton Bern wohnten und der Anteil an Sektenmitgliedern in den anderen Kantonen nicht bekannt ist, mußte der hohe Prozentsatz an Jugendlichen aus christlichen Sekten Anlaß sein, die Krankengeschichten genauer zu analysieren. Die Durchsicht der Krankengeschichten zeigte dann eine durchwegs erschwerte Autoritätsproblematik mit den Eltern. Beispielhaft soll eine Fallgeschichte hier kurz dargestellt werden (vgl. *Klosinski*, 1990):

Die 15jährige Verena (anonymisiert) ist das ältere von zwei Kindern. Der sechs Jahre jüngere Bruder ist körperbehindert, eine zwei Jahre nach Verena geborene Schwester verstarb mit 15 Monaten an einer Hirnhautentzündung. Verenas Vater konvertierte im Alter von 17 Jahren vom Katholizismus zu einer protestantischen Sekte und wurde aktiver Prediger dieser Gemeinschaft. Die Mutter der Patientin war aktives Mitglied einer Pfingstmissionsgemeinde. Mit 14 Jahren entwickelte Verena eine Magersucht, nachdem sie bereits mit 11 Jahren einen ersten Suizidversuch unternommen hatte. Zur kritischen Gewichtsabnahme kam es in dem Augenblick, als die Eltern entscheiden wollten, ob die Tochter nun in die Pfingstmissionsgemeinde der Mutter oder in die protestantische Sekte des Vaters eintreten solle. Das Mädchen hatte über einen Zeitraum von einem Jahr samstags den Gottesdienst der einen Sekte, sonntags den der anderen besucht. Sie wollte es beiden Eltern recht machen und saß damit buchstäblich „zwischen zwei Stühlen".

In der Klinik gelang es ihr dann im Laufe eines mehrmonatigen stationären Aufenthaltes, sich von beiden religiösen Bewegungen etwas zu distanzieren und zunächst weder in die eine noch in die andere einzutreten, was nur möglich war, weil beide Elternteile das Gefühl entwickelten, sie seien jetzt nicht die Verlierer in dieser Auseinandersetzung.

Für Verena war die unterschiedliche Sektenzugehörigkeit der Eltern Auslöser ihrer Magersucht, da die Eltern von ihr verlangten, sich ganz mit den religiösen Vorstellungen beider Elternteile zu identifizieren, die für Verena doch inkompatibel zu sein schienen. Mit ihrer Magersucht und ihrer Verweigerung machte sie sich gleichsam „unscheinbar“ und versuchte mittels ihrer Erkrankung dem Konflikt und damit einer Entscheidung zu entgehen.

Wenn die Frage nach dem Gefährdungspotential für Jugendliche durch Sekten beantwortet werden soll, ist grundsätzlich zunächst zu unterscheiden, ob der betreffende Jugendliche in eine Sekte hineingeboren wurde, in ihr aufwuchs und dann im Rahmen einer entwicklungsspezifischen puberalen Ablösungsproblematik von den Eltern auch die religiösen Rahmenbedingungen, in denen die Eltern leben, also die Sekte und ihre Vorstellungen, in Frage stellt. Oder ob es sich um einen Jugendlichen handelt, der in einer der großen Konfessionen heranwuchs und sich nun im Rahmen einer Neuorientierung, die auch die religiöse Dimension mit einschließt, einer extremen christlichen Gruppierung oder einer neureligiösen Bewegung im weitesten Sinne anschließen möchte. Kommt es im Zuge einer Autoritätskrise bei Jugendlichen aus streng religiösen, moralisierenden Gruppierungen zu einem Kampf mit ihren Eltern auf „Biegen und Brechen“, sind diese Jugendlichen offenbar erheblich gefährdet, da sie nicht nur gegen ihre Eltern ankämpfen, sondern sozusagen auch gegen „Gott und die Welt“, d. h. gegen die ganze religiöse Gemeinschaft, aus der sie sich nicht schuldlos lösen dürfen oder aus der sie ausgestoßen wurden.

Hole (1994) wies darauf hin, daß der bekannte kosmische und anthropologische Dualismus von Anfang an Teil des Christentums sei: Himmlisch-Irdisch mit der entsprechenden qualitativen Wertung, die sich in der Paulinischen Theologie im Gegensatz Geist-Fleisch konkretisiert habe und der auf der moralischen Wertungsebene die Zuordnung Gut-Böse entspreche. In Römer VII, Vers 18, heißt es: „In meinem Fleisch wohnt nichts Gutes“, und im 1. Buch Mose VIII, Vers 21: „Das Trachten des menschlichen Herzens ist böse von Jugend an“. *Hole* folgert: Das protestantische Menschenbild ist noch um einiges düsterer als das katholische, da letzteres noch einen Anteil Gnade und Fähigkeit zum Guten in der menschlichen Natur beläßt. Das Leben ist für christliche Fundamentalisten ein andauerndes Ankämpfen gegen die Mächte der Finsternis, besonders gegen die aus dem eigenen Inneren: Triebregungen aller Art, insbesondere aber sexuelle, dazu „Selbstsucht", Aggressivität, irdische und weltliche Bestätigungs- und Entfaltungsbedürfnisse; pietistisch gesprochen, ist dies der Kampf gegen den „alten Adam". Die religiöse Anstrengung, so *Hole*, ziele ihrerseits auf religiöse Leistung und Erfolg, was Paulus gleichnishaft beschrieben habe im 1. Korinther IX, Vers 24–27: „Rennen nach dem Heil".

Auch ich habe in Untersuchungen (1988 mit *Bonenberger*, 1988 mit *Ernst*) nachweisen können, daß Anorexia-nervosa-Patientinnen bzw. zwangsneurotische Kinder und Jugendliche der Tübinger Kinder- und Jugendpsychiatrie häufiger aus evangelischem Elternhäusern stammen. Offenbar gibt es aber auch regional ganz unterschiedliche, „engere" oder „weitere" Horizonte in bezug auf die religiöse Einstellung in Gemeinden beider Konfessionen: *Knölker* (1994) konnte in der Kinder- und Jugendpsychiatrie Würzburg auffällig viele ekklesiogene Zwangsneurosen bei Jugendlichen feststellen, die aus katholischem Hause stammten. Auch *Bartholomäus* (1994) verweist als katholischer Religionspädagoge auf die sexualfeindliche Erziehung der katholischen Kirche sowie auf das Problem, daß die katholische Kirche eine autoritätsgläubige und unterwürfige Psyche durch ihre Sexualmoral hervorrufe.

4. Zusammenfassende Einschätzung des Gefährdungspotentials von Sekten und religiös-rigoristischen Gruppierungen für Jugendliche

Aus dem bisher Dargestellten wird ersichtlich, daß es eine verallgemeinernde, klare und griffige Beantwortung der Frage nach dem Gefährdungspotential nicht gibt, ja gar nicht geben kann. Es lassen sich gleichwohl einige wichtige Erkenntnisse aus der empirischen Forschung und aus der klinischen Erfahrung feststellen:

1. Je radikaler, autoritärer und verabsolutierender die Inhalte einer religiösen Gruppierung sind, desto schwerer wird es im allgemeinen dem Betreffenden fallen oder gemacht, sich wieder von der Sekte zu lösen. Der Betreffende ist einem Gruppendruck ausgesetzt und entwickelt ganz erhebliche Schuldgefühle, will er sich wieder absetzen.
2. Bei religiösen Psychokulten (z. B. Bhagwan-Oscho-Bewegung, TM, Scientology, Divine Light Mission und Hare Krishna, um nur einige zu nennen), die ihren Mitgliedern intensives Meditationserleben zum Teil unter Isolations- und sensoriellen Entzugsbedingungen zumuten, kommt es in der Meditation immer wieder zu einer Überschwemmung mit inneren Bildern, die ängstigen und den Betreffenden in eine schwere seelische Krise stürzen können, insbesondere dann, wenn durch forciertes Vorgehen die Abwehr der Betreffenden unterlaufen wird. Es ist bei diesen Gruppierungen vor allem der leichtfertige Umgang mit psychotherapeutischen Techniken, die auch gefährlich sein können.
3. Je charismatischer die Führerpersönlichkeit der Gruppe und je ausgeprägter die Bereitschaft zur Unterwerfung – aus welchen Gründen auch immer – der Konvertiten ist, desto größer und ausgeprägter kann sich das „Commitment" (die Hingabe an den Meister) ausbilden. Dies kann bis zu einer willenlosen Selbstaufgabe führen, wie die Selbstverbrennungen der Mitglieder der Hare-Krishna-Bewegung zeigen oder die Tragödien in Guayana 1978 (mehr als 900 Volkstempler vergifteten sich) und in der Schweiz 1994 (48 Sonnentempler sterben durch Mord und Selbstmord).
4. Wenn Beziehungs- oder Sinnangebote der Sekte bzw. ihres Führers komplementär mit Persönlichkeitsauffälligkeiten, Persönlichkeitseigenheiten oder krankhaften Persönlichkeitsmerkmalen potentieller Konvertiten übereinstimmen, kommt es zu einer Art Schlüssel-Schloß-Phänomen, d. h. der Konvertit oder Sekteninteressierte sucht sich scheinbar genau das aus der religiösen oder okkulten Sektenszene aus, was für ihn stimmig ist, sei es in Form einer Kompensation,

sei es in Form eines Protestverhaltens, das ihn zu eben dieser Gruppierung hinführt. Wenn, wie gezeigt, Personen mit narzißtischen Problemen eine Beziehung zu charismatischen Gurus eingehen, können sie ihre narzißtischen Größenideen in Verschmelzungserlebnissen befriedigen. Entsprechende Erlebnisse werden in aller Regel auch von den Gurus selbst hervorgerufen, meist bei den Initiationen (z. B. in der Bhagwan-Bewegung).

Ein anderes Beispiel ließe sich für satanistische Zirkel skizzieren: Jugendliche mit sexuellen Problemen oder sadistischen Tendenzen werden durch jene Gruppierungen besonders angezogen, die ihnen erlauben, ihre Persönlichkeitsprobleme in der Gruppe sozusagen auszuleben. Bei diesen „Passungen“ handelt es sich um ein gar nicht seltenes Phänomen, das sich auch außerhalb der religiösen Szene abspielt: Bei der Partnerwahl kommt es immer wieder vor, daß Menschen genau jenen Partner aussuchen, der für ihren psychischen Haushalt eine besondere Funktion einnimmt, sei es, daß z. B. eine psychisch komplementäre Seite im Partner zum Tragen kommt, sei es, daß das sadistische oder masochistische Gegenstück geliebt wird.

5. Leicht beeinflußbare, kommunikationsgestörte und infantil abhängige Menschen stabilisieren sich durch eine freundliche Aufnahme in einer engen Gemeinschaft und sind wohl eher bereit, sich bis zur Selbstaufgabe der Gruppennorm anzupassen; sie sind damit leichter verführbar und können mißbraucht werden.
6. Immer dann, wenn es zu einer „Vereinnahmung“ im Sinne suggestiven oder gewaltsamen Aufzwingens von Überzeugung und zu einer Verhinderung der jugendlichen Selbstverwirklichung durch Großkirchen, traditionelle Sekten, moderne Jugendreligionen oder Psychokulte kommt, wenn also die Beeinflussung zu destruktiver Religiosität führt, d. h. zur Fremdsteuerung des Individuums durch Manipulation seiner Traum-, Phantasie- und Wunschwelt, besteht ein hohes Gefährdungspotential (siehe auch *Wartenberg*, 1984).

7. Was *Hans Küng* (1987) als die wahre Religiosität formuliert hat, gilt auch in bezug auf neureligiöse Gruppierungen und Sekten: „Positive und entwicklungsfördernde Gottesbilder sind psychohygienisch und soziohygienisch immer dann anzutreffen, wenn sie nicht eine versklavende, sondern eine befreiende, nicht eine schädigende, sondern eine heilende, nicht eine labilisierende, sondern eine entwicklungsgerechte stabilisierende Funktion aufweisen und wenn sie Grundlage sind für wahre Selbstverwirklichung und zielgerichtete Aufgabenbewältigung im persönlichen wie im gesellschaftlichen Bereich."

Diese Überlegungen von *Küng* leiten über zu der Frage, welches Fazit nun insgesamt zu ziehen ist? Wie sollen sich Eltern und Lehrer hinsichtlich der religiösen Erziehung verhalten, um nicht einer Entwicklung Vorschub zu leisten, die ihre Kinder später für religiöse Eiferer und Okkultisten verführbar macht? Wie soll und kann betroffenen Jugendlichen, die negative religiöse Kulterfahrungen gemacht haben, geholfen werden? Wie sind ihre Eltern zu beraten?

VI. Aspekte der Prävention und des Umgangs mit betroffenen Jugendlichen und ihren Eltern

1. Religiöse Erziehung: Chance oder Risiko?

Religiöse Erziehung hat zu tun mit der Vermittlung von Gottesbildern respektive Gottesvorstellungen und muß dem psychosozialen Entwicklungsstand des Kindes oder Jugendlichen Rechnung tragen. Im Kapitel über die religiösen Entwicklungsstufen hatte ich deutlich zu machen versucht, daß sich Gottesvorstellungen und Gottesbilder mit der Entwicklung des Kindes zum Erwachsenen stetig verändern und alle Bereiche des Menschen erfassen. Je nachdem auf welcher Entwicklungsstufe sich das Kind jeweils befindet, muß entweder mehr das emotionale, gefühlsmäßige und intuitive Gottesbild in Symbol- oder Bildform angesprochen werden oder (später) mehr das kognitive, sich auch im Gewissen manifestierende rationale Element des guten und strafenden Gottes.

Da das Kind seinen Eltern, insbesondere der Mutter, unendliche Macht und Potenz zuschreibt, wird die Vorstellung des Kindes von Gottvater in der Kindheit entscheidend geprägt von einem mächtigen, potenten oder gar allmächtigen Gott. Besonders auf der Stufe des magisch-mystischen Denkens und in der Phase des Grundschulalters ist es aus psychischen Abhängigkeits- und Sicherheitsgründen für das Kind unbedingt „erforderlich", sich aufgehoben, beschützt, geborgen und von einer allmächtigen Kraft getragen zu wissen. Abgeleitet wird dieses Vertrauen aus den ersten Erfahrungen der Mutter-Kind-Beziehung (Symbiose) im Säuglingsalter: Hier bildet sich dann das Urvertrauen heraus, wenn das Kind die unbedingte Zuwendung, die Verläßlichkeit und Konstanz einer liebenden Beziehung in seinen ersten Lebensmonaten stets aufs neue erfährt. Der Grundstein einer auch positiven religiösen Erziehung läge damit und zuallererst in einer gelungenen positiven Mutter-Kind- und Eltern-Kind-Beziehung der ersten Lebensmonate. Mit der Abgrenzung von der Mutter, mit der immer größer werdenden Eigenständigkeit des Kindes werden auch Vorstellungen, Wünsche, Gebote als Gewissensinstanzen in die Psyche des Kindes quasi implantiert oder verinnerlicht. Dies schlägt sich dann als „Über-Ich" nieder. Ist die Erziehung zu strafend, zu bedrohlich und verfolgend, wird das Kind sein Gottesbild später an diesem verinnerlichten Vater- oder Mutterbild ausrichten. Es besteht dann die Gefahr, daß sich ein „negatives Gottesbild" herausbildet, das in der weiteren Entwicklung nicht die frohe Botschaft und Versöhnung vermittelt, sondern für unerbittliche Strafe, für Vergeltung und das Gericht steht.

Folgt man dem Religionspädagogen *Grom*, so gilt es in der religiösen Erziehung des Kindes stets zu fragen, wann religiöse Überzeugungen das Selbstwertgefühl des Kindes beeinträchtigen. Dies ist deswegen zu fragen, weil ein positives Selbstwertgefühl für das psychische Wohlbefinden des Menschen von grundlegender Bedeutung ist. Religiöse Erziehung ersetzt die Arbeit an einem entsprechenden positiven Selbstkonzept nicht, sondern setzt sie vielmehr voraus und unterstützt sie. So banal es klingen mag, eine gesunde körperliche und psychosoziale Entwicklung ist die beste Voraussetzung für eine positive Beziehung zu religiösen Fragen und zu positiven religiösen Gottesbildern, die sich entwickeln können. In den zwei wichtigsten Trennungsphasen der menschlichen Entwicklung, in der ersten Ablösungsphase des Trotzalters und in der Pubertät, geht es um die Einübung von Nähe und Distanz, um Zärtlichkeit, Sexualität und Aggression. Gottesbilder und religiöse Weltbilder müssen diese Eckpfeiler mit einbeziehen und integrieren. Bleibt das Bild von Gott ein übermächtiges Außenbild, wird die Gottesvorstellung sich verwandeln in einen verfolgenden Gott, was die Entwicklung des Individuums zu einem eigenverantwortlichen Menschen verhindert. Kommt es aber zu einem Gewahrwerden und zu der Empfindung, daß in unserem Inneren, sozusagen in unserer Seele, ein Gott gleichsam verankert ist, kann ein positives, Entwicklung ermöglichendes Gottesbild zum Leitbild unseres Menschseins werden. In letzterem Falle würden wir Gott individuell in der Seelentiefe erfahren, solche Gottesbilder können Heilungsprozesse bewirken. In diesem Sinne kreist die Gottessuche auch um die Suche nach dem eigenen Selbst, das letztlich zwar immer Geheimnis bleiben wird, sich aber stets in neuen Aspekten und Symbolen zeigen und finden lassen möchte.

Riedel (1994) vertritt die Auffassung, in Träumen und Imaginationen würden uns progressive und regressive Gottessymbole entgegentreten, die es zu nutzen gelte. Gottesbilder progressiver Art sind Induktionsbilder für ein im Augenblick mögliches, ebenso individuelles wie ganzheitliches Weltverständnis. Der Tiefenpsychologe *Schellenbaum* (1990) versteht unter einem Gottesbild „jedes, die Individuation zentral wekkendes und förderndes Bild“. Er sprach in diesem Zusammenhang von „Spiegelkommunikation“ und meint damit, daß religiöse Erziehung, daß die religiöse Suche über eine Ich-Du-Beziehung in eine Art Spiegelkommunikation mit dem eigenen inneren Wesen mündet. Ich teile diese Auffassungen und möchte hinzufügen, daß eine positive religiöse Anleitung gerade diesen Dialog mit einem inneren Gottesbild positiver Art fördern sollte.

Religiöse Erziehung wird dann zur Chance, wenn sie eine „lebensbegleitende Identitätshilfe“ (*Nipkow*, 1990) darstellt. Religiöse Erziehung wird dann zum Risiko, wenn sie repressiv und affirmativ wird: Sie paßt dann die heranwachsende Generation an die bestehenden Verhältnisse an und entfremdet sie von ihren eigenen Bedürfnissen und Interessen (vgl. *Bartholomäus*, 1983). Religiöse Erziehung kann indoktrinieren, wenn sie mit einem absoluten Wahrheitsanspruch aufwartet und kritische Rationalität und Dialogfähigkeit verhindert. Schließlich kann religiöse Erziehung durch überzogene Perfektionsideale Minderwertigkeitsgefühle wie durch übertriebene strenge Über-Ich-Forderungen Schuldgefühle und Angst hervorrufen oder in eine Depression münden (vgl. *Hole*, 1994).

Religiöse Erziehung wird ebenso dann zum Risiko, wenn Religion in Lernprozessen mißbraucht wird. Der verbreitete, biblisch fundierte Satz: „Gott sieht alles" wird häufig innerhalb der religiösen Erziehung als Warnung gebraucht und kann eine verheerende Wirkung haben: Er kann bzw. muß gleichsam zum Aufbau von Schuldgefühlen bei Kindern führen, die ungehorsam sind. *Eichhorn* (1931) hielt die Vermittlung dieses Satzes für einen (psychologisch gesehen) „gelungenen Versuch", auf lustvolles, aber verbotenes Tun automatisch Unlust folgen zu lassen: Die Schuldgefühle bestrafen das Tun des Kindes, ohne daß eigens ein Erzieher eingreifen muß.

Wichtige religionspädagogische Einsichten aufgrund einer realistischen Einschätzung unserer Jugendlichen in bezug auf die religiöse Frage gab es schon vor mehr als zehn Jahren (*Feige*, 1982). *Barz* hat 1992 dieselben Forderungen in etwa gleichlautend wiederholt. Volkskirche, das ist in den Augen junger Leute nach *Feige*:
- Begleitung ohne doktrinären Herrschaftsanspruch;
- Glaubensangebote ohne eiserne Abonnementsverpflichtung;
- Tröstung ohne versteckte Drohung;
- Bestätigung des Menschseins statt permanenter Verunsicherung des Bedürfnisses nach menschlicher Lebenslust;
- Praktizierung von Alltagswahrheit statt Abforderung umfassender Gelöbnisse und fundamentaler Bekenntnisse;
- Respektierung des persönlichen Freiheits- und Entscheidungsspielraumes bei gleichzeitiger Nutzung von solchen Veranstaltungen, die Gemeinschaft, Gruppenleben und Geborgenheit anbieten, aber nicht aufdrängen.

Müssen Jugendliche, so muß hier gefragt werden, die der evangelischen oder katholischen Kirche angehören, nicht fast zwangsläufig in eine Loyalitätskrise geraten, würden sie einerseits mit diesen religionspädagogischen Forderungen konfrontiert und wüßten sie doch andererseits von dem Absolutheitsanspruch in dogmatischen Glaubensfragen „ihrer" evangelischen oder katholischen Kirche? In der „Lausanner Verpflichtung" von 1974 heißt es: „Es gibt nur einen Erlöser und nur ein Evangelium ... Als Herabsetzung Jesu Christi und des Evangeliums lehnen wir jeglichen Synkretismus ab und jeden Dialog, der vorgibt, daß Jesus Christus gleichermaßen durch alle Religionen und Ideologien spricht. Jesus Christus, wahrer Mensch und wahrer Gott, hat sich selbst als die einzige Erlösung für die Sünder dahingegeben." Fünfzehn Jahre später, 1989 in Manila, wurde dies beim „Zweiten Weltkongreß für Evangelisation" bestätigt: „Wir bekräftigen, daß andere Religionen und Ideologien keine alternativen Wege zu Gott sind. Die nicht von Christus erlöste Spiritualität des Menschen führt nicht zu Gott, sondern ins Gericht, weil Christus der einzige Weg ist" (vgl. Ev. Gemeindeblatt für Württ. vom 12. 6. 1994).

Wenn sich Religionslehrer und Pfarrer auf die Bibelworte beziehen: „Ich bin der Weg und die Wahrheit und das Leben, niemand kommt zum Vater denn durch mich" (Johannes 14,6) und: „In keinem anderen ist das Heil, auch ist kein anderer Name unter dem Himmel den Menschen gegeben, durch den wir sollen selig werden" (Apostelgeschichte 4,12), verhindern sie eine religiöse Suchbewegung der Jugendlichen und fordern Unterwerfung und Kirchenzucht. Was dagegen not tut, ist die Entwicklung einer pluralistischen Religionstheologie, wie sie u. a. von *Bernhardt* 1994 in seinem Buch ‚Zwischen Größenwahn, Fanatismus und Bekennermut. Für ein Christentum ohne Absolutheitsanspruch' gefordert wurde.

Laut *Nipkow* (1994) ist das Interesse von Jugendlichen an einer selbstbestimmten Religiosität einer der am besten gesicherten empirischen Befunde. Dieses Interesse „meint nicht Subjektivismus und Individualismus, aber Selbstverantwortung, selbständiges Urteil und Freiheitsgewinn". Nach *Knab* (1994) ist „das größte Hemmnis nicht mehr der verweigerte Diskurs über unumstößliche Gewißheiten, sondern der verweigerte Diskurs über Ungewißheiten, die Vermeidung des Risikos, sich auf das Terrain Religion zu wagen ..." Dem sollten wir entgegentreten im Sinne der bereits von *Nipkow* (1990) geforderten lebensbegleitenden Identitätshilfe.

2. Zugang zu Jugendlichen aus der Okkult-, Esoterik- und Sektenszene – Beratungsarbeit mit den Angehörigen

Zwei grundsätzlich unterschiedliche Ausgangslagen müssen bei diesem Thema berücksichtigt werden: Zum einen gibt es Situationen, in denen besorgte Eltern wegen ihres Sohnes oder ihrer Tochter, die mit Okkultpraktiken, mit einer neureligiösen Gruppierung oder mit Psychokulten in Kontakt kamen, um Rat nachsuchen. Eine völlig andere Situation ist gegeben, wenn der Jugendliche von sich aus das Gespräch sucht, weil er durch den Kontakt mit einer entsprechenden Gruppe verunsichert wurde oder in Schwierigkeiten geriet. Die zuerst genannte Situation kommt häufiger vor, letztere selten, wenn man als Jugendpsychiater Beratung oder Therapie anbietet. Die Hemmschwelle zur Beratung dürfte jedoch bei Erziehungsberatungs-, Familienberatungs- und Psychologischen Beratungsstellen deutlich niedriger sein. Insgesamt ist es einfacher, wenn sich Angehörige hilfesuchend an einen Berater wenden, da sie selbst nicht verstehen, warum z. B. der Partner, der Sohn oder die Tochter zu einer Sekte konvertiert sind. Schwieriger wird das Problem dagegen, wenn Angehörige ein konvertiertes Mitglied in die Beratungsstelle bringen mit der Vorstellung, der Berater solle die Konversion rückgängig machen bzw. den Betreffenden überzeugen, daß er auf dem falschen Wege ist. Dies muß in aller Regel scheitern, weil der Betroffene selbst nicht oder nur wenig motiviert ist für einen Dialog. Zunächst muß also der Zugang und Dialog mit dem jungen Menschen erörtert werden.

3. Dialog mit Jugendlichen, die Sekten-, Okkult- oder Esoterikerfahrung hatten

Entscheidend wird es auf die Ausgangslage ankommen, die der Berater vorfindet: Warum, wie, wann kommt der Betreffende in die Beratung? Der Berater wird den Jugendlichen anhören und versuchen, bei ihm Vertrauen zu finden bzw. aufzubauen; er wird nicht vorschnell werten, sondern sehr genau hinhören, was der Ratsuchende für ein Anliegen hat, was ihn bewegt, welche Fragen er mitbringt. Häufig geht es um die Frage, wie außergewöhnliche Erlebnisse oder bislang nicht einzuordnende Erfahrungen mit der religiösen Dimension zu werten sind. Für den Jugendlichen geht es hierbei um eine (Neu-)Bewertung und (Neu-)Gewichtung im Sinne einer Verortung oder Integration von für ihn neuen und oft auch beängstigenden Erfahrungen, seien sie nun emotionaler oder kognitiver Art. In dieser Phase muß der Jugendliche entlastet werden, indem man ihm erklärt, daß psychische Verwerfungen, Regressionen, Einbrüche und Verhaftungen im Magisch-Mystischen zum Menschsein schlicht dazugehören, daß die von der entsprechenden Gruppe ausgehende Faszination auch damit zu tun hat, daß in ihm, dem Jugendlichen, irgend etwas aktiviert wurde und sich angezogen fühlt. Erst dann, wenn Vertrauen aufgebaut ist – der Berater könnte hier sehr wohl auch seinen eigenen religiösen Standpunkt mit positiven und negativen Äußerungen zu seiner Kirche mitteilen –, können kritische Anmerkungen zur entsprechenden Sekte oder Gruppierung gewagt werden, indem z. B. deren oft vorhandener Absolutheitsanspruch auf Sinnvermittlung relativiert wird.

Auf keinen Fall soll und darf der Berater den Ratsuchenden überzeugen wollen, daß er, der Jugendliche, auf einem Irrweg ist, diese Erkenntnis muß von ihm selbst kommen! Vielmehr geht es darum, seine Hinwendung, seine Bekehrungs-, Übertritts- oder Rückkehrwünsche zu verstehen und dem Betreffenden z. B. zu vermitteln, daß seine Umkehr und Abwendung, sein Ausstieg aus der alten Konfession hinein in die neue

Gruppierung wohl aus einer für ihn inneren Notwendigkeit erfolgte, die für ihn zu einem bestimmten Zeitpunkt stimmig und richtig war. Der Berater sollte also Mentorfunktion für den Jugendlichen einnehmen, wissend, daß ein solches Gespräch „therapeutisch" für den Betroffenen sein bzw. Einweihungs- oder Initiationscharakter haben kann. Wenn sich der Berater oder potentielle Therapeut als Kundiger ausweist, der Gedankengänge des New Age, des Tarot, des I-Ging, des Parapsychologischen und Religiösen nicht ausklammert, sondern mit einbezieht, dann wird er gegenüber dem Ratsuchenden manches relativieren können, was dieser bislang für eindeutig und absolut gehalten hat. Es ist dies immer eine Gratwanderung, da die Jugendlichen aufgrund einer häufig vorliegenden Autoritätsproblematik rasch Projektionen in Form von positiven oder negativen Übertragungen aufbauen. Letztere führen, wenn sie nicht erkannt und bearbeitet werden, zu einem Abbruch des Dialoges.

Um es in andere Worte zu fassen: Es geht anfänglich stets darum, die Hinwendung des jungen Menschen zu dem Faszinierenden, Fremden, Alternativen verstehen zu lernen (vgl. auch *Streib*, 1993), um dem Betreffenden zu vermitteln, daß die ehemalige Faszination, die bei ihm vorhanden war, auch ein Stück weit beim Berater „angekommen ist". Erst zu diesem Zeitpunkt ist das Anführen von Aussteigerbeispielen aus der entsprechenden Bewegung möglich, wie auch eine eventuelle Vermittlung zu einem speziellen Experten für die betreffende Sekte oder Gruppierung. Nützlich ist auch der Hinweis, daß nach einer Hinwendung (Konversion) in eine Bewegung folgende drei Wege möglich sind:

- Eine fanatisch-blinde Entwicklung.
- Eine kritische Stellungnahme innerhalb der Sekte oder des Kults mit der Unterscheidung zwischen negativen und positiven Entwicklungen.
- Die Möglichkeit des Ausscheidens, so wie es ja auch Aussteiger aus der evangelischen oder katholischen Kirche gibt.

Der behutsame Umgang mit „Kult-Geschädigten" soll anhand eines Fallbeispieles anschaulich gemacht werden:

Ein 17jähriger Patient, der aufgrund von Drogenkonsum u. a. psychotisch entgleiste, konnte im Rahmen einer jugendpsychiatrischen stationären Behandlung, die auch die Gabe von Medikamenten einschloß, zunächst weitgehend stabilisiert werden. Seine Eltern waren geschieden, er wohnte bei der Mutter, hatte sich mit einer Freundin „eingelassen“, die nun von ihm ein Kind erwartete, und er hatte in dieser Zeit Hilfe bei einem „Guru“ gesucht, einem Deutschen, der lange Zeit in Indien gelebt hatte und nun als Nichtseßhafter in der Nähe einer Stadt „hauste“. Der Jugendliche wollte von ihm eingeweiht werden, war von ihm fasziniert und wurde durch diese Begegnung zum Schulaussteiger vor seiner psychotischen Entgleisung. Damals begann sein Interesse für Okkultes. So interessierte er sich für Tarot und das I-Ging.

Ich konnte dem Jugendlichen in einer wichtigen Phase der Therapie erläutern, daß das Befassen mit dem I-Ging zwei Seiten hat: Nimmt man sich, wie bei den astrologischen Horoskopen, manches zu sehr zu Herzen, verfolgt und beeinflußt es einen negativ. Die Bilder, Symbole und Antworten im I-Ging können aber auch eine fruchtbare Auseinandersetzung mit den eigenen Vorstellungen über innere Bilder hervorbringen, die den Betreffenden stärken, indem er seine innerseelische Realität neu bewertet und dies durchaus im positiven Sinne. So gelang es bei diesem Patienten, seine Maßlosigkeit und sein Ausgeliefertsein hinsichtlich des I-Ging (er versuchte zeitweise, jeden Tag das I-Ging zu befragen, um alle 64 möglichen Antworten „durch“zumachen, damit er allen Formen des Schicksals begegnen könne!) einzuschränken, ihn durch Begrenzung und Begleitung beim I-Ging zu stabilisieren und zu strukturieren.

Häufig werden Jugendliche mit Okkulterfahrungen fragen, ob der Therapeut oder Berater es für möglich hält, daß sich bei einer Seance Gläser oder Stühle verrücken, ob es so etwas wie Vodoo-Zauber gebe usw. Solche Fragen stellen in der Regel eine „Falle“ dar, da sie bei einer Verneinung für den Jugendlichen bedeuten, der Berater halte die Erfahrungen des betreffenden Jugendlichen für „Humbug“, halte ihn gar für seelisch krank. Derartige Evidenzerfahrungen dürfen dem

Ratsuchenden nicht genommen werden, im Gegenteil, diese Evidenzerfahrungen müssen anerkannt werden als subjektive Erfahrungen, die nur begrenzt hinterfragt werden können. Allerdings ist es dann gut möglich und sinnvoll, solche Erfahrungen auch zu relativieren, indem man auf Evidenzerlebnisse im Rahmen von Träumen, Drogenkonsum oder nicht psychotischen Derealisationsphänomenen hinweist. In dem Maße, wie der Jugendliche begreift, daß der Berater oder Therapeut ein Kundiger in der Welt der Symbole, Bilder und Mythen ist, wird es ihm gelingen, den ratsuchenden Jugendlichen in einen fruchtbaren Dialog einzubinden. Erst wenn der Sektenangehörige bzw. Okkulterfahrene spürt, daß und wie der Berater selbst um Wahrhaftigkeit im religiösen Bereich bemüht ist, kann es gelingen, eine Relativierung bisheriger Glaubensdogmen anzubahnen. Doch stets muß die Eigenverantwortung des betreffenden Ratsuchenden gewahrt bleiben, er ist eben als religiös Eigenständiger zu behandeln, der zu entscheiden hat, was geschehen soll. Alles andere käme einer Entmündigung des Jugendlichen in religiös-ethischen Fragen gleich.

4. Empfehlungen bezüglich der Haltung des Beratenden gegenüber Eltern und Angehörigen

Wichtig ist, zu verstehen, daß Eltern häufig aufgrund einer Eltern-Kind-Problematik nicht dazu in der Lage sind, mit Argumenten den Konvertierten davon zu überzeugen, daß er auf einem „Holzweg" sei. Kämpfende Eltern laufen Gefahr, ihre Kinder immer stärker in die Abhängigkeit von der betreffenden Sekte zu treiben, vor allem dann, wenn die Hinwendung zur Sekte psychodynamisch etwas mit einem Autoritätskonflikt gegenüber den Eltern zu tun hatte. Ein Nachgeben des Jugendlichen würde dann seine Abhängigkeit von den Eltern noch unterstreichen, was er schon allein aus diesem Grunde häufig nicht zulassen kann.

Die Eltern sollten nicht verdammen, sondern versuchen, einen „Restkontakt" und ein Restvertrauen zu halten bzw.

aufzubauen, indem sie sich für die „Sektenkarriere“ ihres Familienangehörigen interessieren. Die Angehörigen sollten, wenn möglich, nicht nur das Negative der Sekte, sondern auch positive Aspekte formulieren können.

Der Berater seinerseits muß die Angehörigen in ihrem Bemühen unterstützen, die Evidenzerlebnisse des Betroffenen relativieren zu können. Da es meist Bindungsprobleme, Bindungswünsche und Bindungsängste sind, die Jugendliche zu Okkultzirkeln, Psychokulten und neureligiösen Gruppierungen führen, kann der Aufbau von neuen und anderen Bindungen (z. B. zum Berater oder Therapeuten) oder zu einer neuen Gemeinschaft erfolgen (Shifting- oder Snapping-Phänomen).

Gewaltsames Entführen der betreffenden Jugendlichen oder ein „Befreiungsgespräch“ ist weder ein adäquater noch ein erfolgversprechender Weg. Der Berater sollte eventuell über spezielle Experten für die jeweiligen Gruppierungen informieren und zu diesen auch Verbindungen knüpfen können. Entscheidend ist, daß der Berater, der Sektenexperte oder das zu Rate gezogene, ehemalige Sektenmitglied die entsprechende Bewegung oder den Kult nicht mit Schwarzweißbildern überzeichnen, sondern etwas „übriglassen“ von der „inneren Notwendigkeit zur Konversion“ des Betreffenden gerade zu dieser Gruppe. Der Jugendliche soll nicht vorschnell völlig „umgekehrt werden“, sondern behutsam und allmählich befähigt werden, selbst relativieren zu können und nicht verabsolutieren zu müssen.

Bei allen spiritistischen Problemen ist es für den Berater wichtig, daß er sich bezüglich des Reinkarnationsgedankens einen eigenen Standpunkt erwirbt, da alle modernen Spiritismusgruppen, so vielfältig im einzelnen sie auch sein mögen, in ihrem Glauben an eine Reinkarnation übereinstimmen. Immer wieder sollten dann die Bemühungen darum kreisen, das Außergewöhnliche als etwas Abgespaltenes, ganz Anderes und Fremdes in die eigene psychische Welt des Jugendlichen zu integrieren, dies allerdings mit einem anderen Stellenwert, mit einer Neubewertung des Erlebten.

Der Berater muß überdies gegenüber den Familienangehörigen sensibel sein für das, was man einmal als „Familienreligiosität“ bezeichnet hat (*Ebertz*, 1988): Hierunter ist eine unausgesprochene Übereinkunft in den Familien hinsichtlich ihrer allgemeinen religiösen Überzeugungen zu verstehen, wobei Elemente des Christlichen und der Kirchennähe aber auch der Kirchenferne zusammenfließen und oftmals Anleihen aus der jeweils anderen Konfession, aus außerchristlichen Fragmenten des Hinduismus, Buddhismus, aus der Astrologie, der Parapsychologie usw. gemacht werden. Aus solchen bestehenden religiösen Übereinkünften innerhalb einer Familie ergeben sich Erwartungshaltungen und Überzeugungen, die oft erst „im zweiten Anlauf“, nach dem Aufbau eines Vertrauensverhältnisses, erfragt und gezeigt werden können. Aus dem Wissen um solche umfassenderen Einstellungen und Wertvorstellungen innerhalb einer Familie lassen sich gelegentlich Absetz- und Suchbewegungen von Jugendlichen hin zu Alternativen erst richtig einordnen bzw. verstehen. So kann z. B. verstanden werden, daß Jugendliche das ausprobieren und ausleben, was insgeheim die Eltern für sich selbst nicht wagten. Es handelt sich dann um versteckte Delegationen, die häufig nicht zugegeben werden und bei den betreffenden Eltern oder Angehörigen auch Angst auslösen, wenn man auf sie zu sprechen kommt. Um so mehr werden diese oft unbewußten Tendenzen verdrängt und geradezu bekämpft.

Eltern und Berater müssen darüber informiert werden, daß es aufgrund von religiösen Konfessions- oder Sektenübertritten oder durch Hinwendungen zu Psychokulten gelegentlich zu schweren psychischen Krisen kommen kann, die das ganze Spektrum psychiatrischer Erkrankungen aufweisen. Sehr schwierig ist dabei die Einschätzung, ob es im Einzelfalle die entsprechende Indoktrination oder Vorgehensweise der jeweiligen Gruppierung war, die zum seelischen Einbruch führte oder ob nicht besonders labile und gefährdete Menschen entsprechende Gruppen aufsuchen und dadurch der Eindruck erweckt wird, die Sekte oder der Kult sei besonders „pathogen“.

Es gibt seit den 70er Jahren Beratungs- und Anlaufstellen, die sich ganz speziell um die Probleme von „Sektengeschädigten“ bemühen und ihre Hilfe anbieten. Als Dachorganisation für die Elterninitiativen sei die *„Aktion für geistige und psychische Freiheit“* (Arbeitsgemeinschaft der Elterninitiativen e.V.) in Bonn genannt. Die Beauftragten der evangelischen und katholischen Kirchen auf Länderebene sind ebenfalls Informationsanlaufstellen und sollten in entsprechenden Fällen konsultiert werden. Die *Aktion Jugendschutz* (AJS), bei der es sich auf Länderebene um eine Arbeitsgemeinschaft zahlreicher Mitgliederorganisationen handelt, ist in den letzten Jahrzehnten in erfreulicher Weise in allen Bundesländern in Form von zahlreichen Tagungen und Symposien aktiv geworden, die sich auch in entsprechenden Publikationen niederschlugen.

Trotzdem haben Jugendliche und ihre Eltern auch heute noch oft große Hemmungen, sich vertrauensvoll an Beratungsstellen zu wenden. Es besteht nach wie vor die Sorge, daß Berater das Geschehen vorschnell als krankhaft im Sinne der Psychiatrie „aburteilen“ würden. Gerade auch aus diesem Grund muß darauf hingewiesen werden, daß nur der in einen religiösen Dialog einsteigen sollte, der sich auf sein eigenes religiöses Erregtsein besinnen kann (s. *Otto*, 1979). Wer hierzu unfähig ist oder wer solche Momente überhaupt nie erlebt hat, sollte sich nicht dazu zwingen, in einen religiösen Dialog einzutreten.

VII. Ausblick

Die Affinität eines Teils unserer Jugendlichen zur religiösen Alternativszene, zu Psychokulten und esoterischen Kreisen ist kein isoliertes Problem unserer heutigen Jugend. Auch die religiöse Seite der Jugendkrise ist Spiegelbild unserer Gesellschaftskrise (*Klosinski*, 1981). Es wäre aber zu einfach, im Sinne einer Sündenbocktheorie die etablierten Kirchen, die staatlichen Schulen und die Elternhäuser allein für die Misere verantwortlich zu machen, und würde den neureligiösen Gruppierungen und der Okkultszene den Vorteil bieten, daß sie selbst nur als leere Leinwand erscheinen, auf die die Gesellschaft ihre häßliche Fratze projiziert (vgl. dazu auch *Reimer* und *Hummel*, 1984).

Nicht nur für den „Verbraucher", auch für den „Experten" ist es mühsam, sich auf dem freien Markt religiöser Sinndeutungsofferten zurechtzufinden. Es lohnt sich dennoch, genauer hinzusehen, wer die Kunden sind, die sich dort bedienen: Jugendliche und Heranwachsende interessieren sich nach einer Studie von *Henschel* (1991) weniger für die New-Age-Religiosität als Menschen der Lebensmitte (30–50jährige). Auch die Studie von *Schmidtchen* (1987) konnte zeigen, daß sich jeder zweite Erwachsene in der BRD für diesen Markt und seine Angebotsvarianten interessiert. Dieses Interesse geht mit (quasi)religiösen Gestaltungsbedürfnissen wie Selbstfindung, Selbstverwirklichung, Bewußtseinserweiterung usw. eng einher (vgl. *Barz*, 1992).

Ferner ist festzuhalten, daß das Interesse Jugendlicher an Okkultpraktiken in den Medien überzeichnet und hochgespielt wird. Ebenfalls überzeichnet wurde das angebliche Interesse, das Jugendliche für die sogenannten Neuen Jugendreligionen zeigen sollen. Bereits 1985 konnte *Fischer* und Mitarbeiter zeigen, daß lediglich ein Prozent der 15–24jährigen als Anhänger jener Neuen Jugendreligionen anzusehen sind. Auch in der Studie von *Schmidtchen* (1987) waren unter den 14–19jährigen lediglich ein Prozent aktuelle Anhänger der Neuen Jugendreligionen.

Die Öffentlichkeit muß zudem zur Kenntnis nehmen, daß es erhebliche Unterschiede in bezug auf die Pathogenität (neu)-religiöser Bewegungen gibt: Je hierarchischer und autoritärer, je stärker die Bewegung auf den charismatischen Führer bezogen ausgerichtet ist, desto größer kann die psychische Abhängigkeit und Selbstaufgabe und damit die Fremdbestimmung durch die Gruppe werden. Viele gutorganisierte Großgruppen, aber auch kleinste Gruppierungen auf dem religiösen „Alternativmarkt" sowie in der Okkult- und Esoterikszene sind auch als Teil einer Alternativkultur zu sehen, deren Vorstellungen und Werte sozusagen in „versekteter Gestalt" vorliegen. Mit anderen Worten: Viele dieser Gruppierungen treten mit einem Absolutheitsanspruch auf, der einer „Kader-Religion" entspricht (vgl. *Reimer* und *Hummel*, 1984). Jugendreligionen, Esoterik- und Okkultszene entstammen einem bestimmten gesellschaftlichen Umfeld, wobei offenbar jede Bewegung ihr eigenes Umfeld rekrutiert: Bei den Anhängern der Bhagwan-Oscho-Bewegung stammen die meisten Mitglieder aus dem pädagogisch-therapeutischen Bereich und sind auffallend aufgeschlossen gegenüber ostasiatischen Religionen. *Reimer* und *Hummel* (1984) wiesen darauf hin, daß die „Familie der Liebe" jenem Milieu in den Vereinigten Staaten entstammt, aus dem gleichzeitig die „Jesus-People-Bewegung" hervorgegangen ist.

Die existentielle Grunderfahrung von Ohnmacht, Sinnlosigkeit und Zukunftsangst, die durch die Medien und ihre Nachrichten verstärkt wird, verunsichert viele Bürger in ihrer Wertorientierung, Lebensplanung und in ihrer Grundeinstellung zum Leben. Aber auch die intellektuellen Vordenker, die Philosophen, stellen seit mehreren Generationen die Frage nach Einheit und Ende abendländischer Geisteswelt zur Debatte. So ist die Rede von der neuen Einsamkeit der Postmoderne, von der apokalyptischen Langeweile des „Danach" (*Möde*, 1991). Nach einer Implosion des Sinns und einer Mutation zum

Sinnlosen verblieben – so *Möde* – die Sinnschablonen weiter als formative Deck-Kräfte, obwohl es an kreativen und realen Ersatzangeboten fehle. Optimistische Leitbilder von „Wagnis" und „Wachstum" seien schon längst nicht mehr gültig. Würde diese düstere Einschätzung stimmen, so wäre die Alternativszene, die es ja fraglos gibt, eben doch so etwas wie ein Rest von aufgerüttelten Menschen, die auf der Suche sind, die inneres Wachstum im Sinne der Human-Potential-Movement erstreben.

Der überwiegende Teil unserer Jugendlichen hat den Kontakt mit der religiösen Alternativszene und mit okkulten Praktiken unbeschadet überstanden. Viele der Betreffenden haben gemerkt, daß die Heilsangebote, die einen radikalen Erkenntnissprung bei einer Mitgliedschaft vorgeben (Scientology, Bhagwan, TM u. a.), nicht in einer Art Instantverfahren zu haben sind. Wenn aber ein viele Generationen tragender Glaube, insbesondere der Fortschrittsglaube, angesichts einer düsteren Zukunft für viele junge Menschen zerbrochen ist, sie einer Mentalität des „No Future" anhängen, so können bestimmte Anbieter des Heilslehrenmarktes, die mit Welterrettungsrezepten (Vereinigungskirche, Ananda Marga) oder utopischen Evolutionslehren (TM, Scientology) aufwarten, die verunsicherten Wohlstandskinder aus ihrer tiefen Anfechtung, verursacht durch Hoffnungslosigkeit und Sinnlosigkeit, herausholen, indem sie sie wieder neugierig machen.

Es hat sich gezeigt, daß bei vielen Bewegungen der Gruppeneffekt eine ganz entscheidende Rolle spielt. Die Gruppe gibt Halt, stellt einen sozialen Uterus, einen bergenden Mutterschoß dar für all jene, die einen Verlust an Geborgenheit in Familie, Kirche und Gesellschaft erleben mußten. Wenn aber die Großkirchen lediglich als moralische Systeme und „Stätte des Gewissens" (*Reimer* und *Hummel*, 1984) in Erscheinung treten, als Garanten der menschlichen Grundwerte und Vermittler eines sozialdiakonischen Engagements in Form der Seelsorge, fehlt diesen Kirchen die Vermittlung einer Religion als Gotteserfahrung in persönlichen Vollzügen. Dies schlägt sich nieder in einer erschreckend negativen Einschätzung der etablierten Kirchen durch Jugendliche und junge Menschen:

Heiner Barz hat im Auftrag der *Arbeitsgemeinschaft der Evangelischen Jugend in der Bundesrepublik Deutschland* (AEJ) Anfang der 90er Jahre eine religionssoziologische Studie mit Methoden der qualitativen Sozialforschung zum Thema „Jugend und Religion" durchgeführt. Basis der Studie waren mehrstündige Interviews, die mit 86 Jugendlichen von 12 bis 24 Jahren vorgenommen wurden. *Barz* hatte seine Auswahl aus drei Untergruppen zusammengestellt: junge Menschen ohne offen religiöse Praxis (Untergruppe „religiös Desinteressierte" und Untergruppe „religiös Interessierte"); ferner die Gruppe der Häretiker (Okkultismusnahe und solche, die dem New Age nahestanden) und schließlich evangelische, kirchennahe junge Menschen (Untergruppe „missionarisch-biblisch" und Untergruppe „politisch-diakonisch"). Als Ergebnis konnte er u. a. festhalten, daß es den jungen Menschen, egal ob kirchennah oder kirchenfern, an erster Stelle auf die Liebe ankam, dicht gefolgt von Glück, Freunden und der Mutter. Der Glaube an eine Wiedergeburt, so das Ergebnis, war stark verbreitet. Traditioneller Glaubensorientierung werde, so das Fazit, mit Mißtrauen begegnet, eine radikale Diesseitsorientierung sei unübersehbar. Das Image der Kirche aus der Sicht der Befragten war recht kritisch: Kirche wird als Machtapparat verstanden und mit den Parteien, dem Staat und dem Finanzamt verglichen. Diese Studie belegt also, wie auch so viele andere Autoren und „Rufer in der Wüste", daß die großen Konfessionen immer weniger attraktiv gerade für junge Menschen sind.

Die Kirchen haben zwar aus dem Boom der Jugendreligionen in den 70er und 80er Jahren gelernt. Ermutigende Ansätze zu einer Belebung und Aktivierung gerade junger Menschen sind erkennbar, ohne daß der Aderlaß aber entscheidend hätte aufgehalten werden können. Die etablierten Kirchen müssen sich fragen, inwieweit Psychokulte, Esoterikszene und alternative religiöse Gruppierungen religiöse Hohlräume ausfüllen, die in den großen Konfessionen entstanden sind, und dies offenbar schon seit längerer Zeit. Goethe schreibt in „Dichtung und Wahrheit":

„Der protestantische Gottesdienst hat zu wenig Fülle und Konsequenz, als daß er die Gemeinde zusammenhalten könnte; daher geschieht es leicht, daß Glieder sich von ihr absondern und entweder kleine Gemeinden bilden oder, ohne kirchlichen Zusammenhang, nebeneinander ruhig ihr bürgerliches Wesen treiben. So klagte man schon vor geraumer Zeit, die Kirchgänger verminderten sich von Jahr zu Jahr und in eben dem Verhältnis die Personen, welche den Genuß des Nachtmahls verlangten. Was beides, besonders aber das letztere, betrifft, liegt die Ursache sehr nahe; doch wer wagt, sie auszusprechen? Wir wollen es versuchen."

Barz (1992) pflichtet Goethe bei, wenn er schreibt: „Symbolische Verödung, der Verlust der Fähigkeit, Feierlichkeiten, Rituale zu inszenieren, und die Vernachlässigung der ‚inneren Religion des Herzens' – genau diese Topoi der Goethischen Reflexionen begegnen uns in den letzten Jahren immer häufiger."

Zur gleichen Auffassung kommt *Schmidtchen* (1989), wenn er in der „Verdrängung des sogenannten Unnützen", in der fehlenden Kultivierung der Welt der Gefühle und der erlebnisarmen, folglich kontraproduktiven Verwissenschaftlichung des Schulunterrichts einen der Hauptgründe für destruktive, selbstschädigende Tendenzen und für die Sektenanfälligkeit Jugendlicher sieht. *Barz* (1992) folgert aus all dem, daß die Abkehr von den tradierten Religionen, von ihren ausgedörrten Ritualangeboten und erstarrten Dogmen als Ausdruck der Suche nach Alternativen im Zusammenhang mit der vernachlässigten Dimension des Menschseins gesehen werden müsse. Es handele sich um eine Selbstsuche derjenigen, die nicht vollständig in der pragmatischen Alltagsbewältigung aufgingen. *Nunnen-Winkler* (1990) beschrieb den Wertewandel als Endtraditionalisierung, als langfristigen Prozeß zunehmender Erweiterung individueller Entscheidungsfreiheiten, der in der aktuellen Debatte über den Wertewandel reflexiv eingeholt und kollektiv ins Bewußtsein gehoben worden sei.

Was steckt hinter diesem Wertwandlungsschub? *Herbert* (1988) macht bei der jugendlichen Generation eine Zunahme hedonistisch-materialistischer Orientierung, d. h. einen Hedonismustrend aus, der mit stark wachsenden Konsumansprüchen (Vervielfältigung und Steigerung der Intensität der Erlebniswünsche, sofortige Verfügbarkeit von Gütern und Dienstleistungen, steigende Funktions- und Qualitätsanforderungen, Anspruchsdenken), mit wachsenden Individualitäts- und Privatheitsansprüchen (Originalität wird eingefordert: Selbstverwirklichung, Selbstdarstellung, Abgrenzung, aber auch Freiheit: Entpflichtung, Abwehr von gesellschaftlichen oder sozialen und beruflichen Zwängen, selbstbewußter Rückzug in die private Idylle) einhergehe. Wie Kirchentagsstudien belegen, geht es jungen Menschen um persönliches Erleben, darum, daß Zweifel als Voraussetzung echten Glaubens erlaubt sein darf, und darum, daß sie mitsprechen können (*Feige, Lukatis, Lukatis*, 1984).

Zahlreiche empirische Studien zur Einstellung der Jugend zur Religion (eine gute Übersicht gibt *Barz,* 1992) kommen übereinstimmend zu der Feststellung, daß Jesus als Mittlerinstanz für die Jugendlichen heutzutage keine große Rolle mehr spielt. Auch die Auferstehungshoffnung, wie sie in der christlichen Tradition überliefert ist, hat offenbar kaum noch Bedeutung (vgl. *Nipkow*, 1987 und *Sziegaud-Roos*, 1985). Die Frage, ob es einen Gott gibt oder nicht, ist aber nach wie vor ein zentrales Thema. Dabei vertreten Jugendliche die unterschiedlichsten Gottesbilder (z. B. Gott in der Natur (pantheistisch), Gott als personales Gegenüber, als Ansprechpartner, Gott in mir, Gott als das Gute im Menschen, Gott als Retter, Sinnstifter, Gott als der Allmächtige, Strafende, Angsteinflößende (Big Brother). Konnte *Wölber* (1959) aus seinen Untersuchungen der 50er Jahre noch folgern, es gebe keine Gegenkirche, so muß heute festgestellt werden (*Köcher*, 1987): Das Christentum ist beileibe nicht mehr ohne ernstzunehmende Alternative. *Luckmann* (1991) sprach in diesem Zusammenhang von der neuen „unsichtbaren Religion". Authentische Religiosität will ganzheitlich, d. h. körperlichsinnlich und emotional erfahren werden, die dann reflektiert und kognitiv ins Weltbild integriert werden muß.

Eine besonders bei Jugendlichen zu verzeichnende, kritisch-emanzipative Distanz zur Kirchlichkeit versperrt offenbar keineswegs den Zugang zu religiösen Deutungssystemen der Gesellschaft und Gegenwartskultur. *Drehsen* sieht den religiösen Pluralismus und den Zwang zur Häresie als unhintergehbare Voraussetzungen moderner Gesellschaften an, wenn er schreibt: „Unsere kulturelle und damit auch religiöse Situation ist allgemein gekennzeichnet durch eine Universalisierung von Mehrdeutigkeit und ‚Häresien', durch den ständigen Wandel und ständige Wanderungen im intra- wie interreligiösen Raum. Wir sind dadurch ebenso konfrontiert mit Obsoletheitsempfindungen wie mit vorbehaltsreichen Anerkennungen von differenten religiösen Manifestationsformen als Sinndeutungsofferten. Kirchliche Instanzen haben mit der Durchsetzbarkeit ihres christlichen Absolutheitsanspruches zugleich das Monopol auf kulturelle Geltung verloren. Die Normierungskraft von ererbten Traditionen, zufallendem Schicksal, eingeschliffener Gewohnheit und institutionellem Geltungsanspruch, – der teilweise mit Mitteln der Zwangsvollstreckung eingeklagt werden konnte, solange Formen der Kirchenzucht und sozialen Kontrolle noch funktionierten –, ist auch auf religiösem Gebiet durch die Expansion von Wahlmöglichkeiten, Interpretationskonkurrenz und Angebotsvielfalt ersetzt worden. So verwandelt sich Schicksal und Determination zunehmend in Wahl und Entscheidung. Dadurch hat sich die Zahl der allgemein geduldeten Lebensweisen ebenso vervielfältigt wie die Zahl der möglichen Glaubensvorstellungen oder Wert- und Weltanschauungsüberzeugungen" (*Drehsen*, 1993).

Wenn es uns gelingt, religiöse Erziehung als ein Begleiten bei der Suche nach dem Glauben aufzufassen und als eine lebenslängliche Aufgabe zu begreifen, die nicht mit der Konfirmation abgeschlossen ist, sind wir auf gutem Wege. Wenn es den großen Konfessionen nicht gelingt, im Sinne der Ökumene einen Brückenschlag herzustellen, dürfen sie sich nicht wundern, wenn viele religiös Suchende eine synkretistische Privatreligion aufbauen oder Anleihen bei anderen Religionen machen. Je missionarischer und abgeschotteter religiöse Erziehung und Vermittlung erfolgen, desto potentiell pathogener und anfälliger für Alternativangebote in Krisensituationen wird eine solche religiöse Ausrichtung sein. Dies müssen wir alle zu verhindern versuchen. Beginnen müssen wir dabei allerdings bei uns selbst, nämlich mit dem Eingeständnis, daß wir alle, in je eigener Weise, religiös Suchende und hoffentlich auch Zweifelnde sind!

VIII. Anhang

1. Einrichtungen und Institutionen, die Jugendliche und Eltern beraten

- Bundesarbeitsstelle Aktion Jugendschutz, Salzstraße 8, 48143 Münster
- Evangelische Zentralstelle für Weltanschauungsfragen, Hölderlinplatz 2 A, 70193 Stuttgart
- Interessengemeinschaft Jugendschutz e.V., Verein zum Schutz seelisch gefährdeter Menschen, Postfach 83, 64625 Bensheim
- Aktion für geistige und psychische Freiheit, Arbeitsgemeinschaft der Elterninitiativen, Postfach 1131, 53115 Bonn
- Elterninitiative zur Hilfe gegen seelische Abhängigkeit und religiösen Extremismus e.V., Postfach 874, 80333 München

Ferner:
- Kommunale Jugendberatungsstellen
- Kommunale Erziehungsberatungsstellen
- Kommunale Familienberatungsstellen

2. Literatur

Adler, A., Jahn, E. (Hg.): Religion und Individualpsychologie. 1933. Neudruck: Fischer, Frankfurt/M., 1975.

Aichhorn, A.: Loben oder Strafen als Erziehungsmittel? Z. f. psychoanalytische Pädagogik, 5: 273–285, 1931.

Allison, J.: Adaptive regression and intense religious experiences. J. Nerv. Ment. Dis. 145: 452–563, 1967.

Baer, S.J.: Zusammenhang zwischen Neigung zu Magie/Okkultismus und schizotypischen Persönlichkeitszügen/psychischen Problemen bei Schülern. Inauguraldiss. Med. Fakultät, Tübingen, 1993.

Bartholomäus, W.: Formungen und Verformungen der sexuellen Entwicklung durch religiöse Erziehung. In: *Klosinski, G.* (Hg.): Religion als Chance oder Risiko. 137–150, Huber, Bern, 1994.

Barz, H.: Jugend und Religion. Bd. 1 u. 2, Leske & Budrich, Opladen, 1992.

Bell, D.: Die Wiederkehr des Heiligen: Die Auseinandersetzung über die Zukunft der Religion. (Vortrag gehalten im Dez. 1977 in Boston vor der Akademie für Kunst und Wissenschaft).

Berger, P.L.: Der Zwang zur Häresie. Religion in der pluralistischen Gesellschaft. Frankfurt, 1980.

Bernhardt, R.: Zwischen Größenwahn, Fanatismus und Bekennertum. Für ein Christentum ohne Absolutheitsanspruch. Kreuz-Verlag, Stuttgart, 1994.

Bloch, E.: Prinzip Hoffnung. Suhrkamp, Frankfurt/M. 1959.

Bonenberger, R. u. *Klosinski, G.*: Zur Elternpersönlichkeit, Familiensituation und Familiendynamik bei Anorexia-nervosa-Patientinnen unter besonderer Berücksichtigung der Vater-Tochter-Beziehung (eine Retrospektivstudie). Z. f. Kinder- u. Jugendpsychiatrie, 16: 186–195, 1988.

Bucher, W. u. *Pohl, K.*: Zum Buch zur Ausstellung. In: Deutscher Werkbund e.V. und Württembergischer Kunstverein Stuttgart (Hg.): Schock und Schöpfung – Jugendästhetik im 20. Jahrhundert. Luchterhand, Darmstadt/Neuwied, S. 9–10, 1986.

Capra, F.: Wendezeit – Bausteine für ein neues Weltbild, München, 1983.

Christensen, C.W., Evaston, I.: Religious Conversion. Archives of general Psychiatry, 9: 51–57, 1965.

Clark, J.G., Langone, M.D., Schecter, R.E., Daly, R.C.B.: Destructive Cult Conversion: Theory, Resarch and Treatment. In: American Family Foundation, Center on Destructive Cultism (ed.): Boston, USA, 1981. Deutsch: übersetzt und herausgegeben von der „Aktion für geistige und psychische Freiheit – Arbeitsgemeinschaft der Elterninitiativen e.V.“, Bonn, 1981.

Clark, J.G.: Der künstlich gesteuerte Wahnsinn. In: *Müller-Küppers, M., Specht, F.* (Hg.): Neue Jugendreligionen. Verlag der medizinischen Psychologie im Verlag Vandenhoeck & Ruprecht, Göttingen, S. 58–72, 1979.

Clark, J.G.: Untersuchungen über die Auswirkungen einiger religiöser Sekten auf Gesundheit und Wohlergehen ihrer Anhänger. Prax. Kinderpsychol. u. Kinderpsychiat. 27: 54–60, 1978. (Original: Investigating the effects of some religious cults on the health and welfare of their converts. Paper submitted to the Vermont Legislature, 1977.)

Coe, G.A.: The Psychology of Religion. Chicago: Univ. of Chicago Press, 1916.

Conway, F., Siegelman, J.: Snapping. America's epidemic of sudden personality change. 1978. Zitiert nach *Möller, M.L.*: Zwei Personen, eine Sekte. In: *Michel, K.M., Wieser, H.* (Hg.): Kursbuch 55 – „Sekten“. S. 1–37, Kursbuch Rotbuch-Verlag, Berlin, 1979.

Deutsch, A.: Observations on a sidewalk Ashram. Arch. Gen. Psychiatry 32: 166–175, 1975.

van Dijk, A.: Erziehung zum Geisterglauben? Geistige Freiheit oder Erziehung zu den Geistern. Hoheneck-Verlag, Hamm, 1988.

Downton, J.V.: An Evolutionary Theory of Spiritual Conversion and Commitment: the Case of Divine Light Mission. J.f. the Scientific Study of Religion, 19, 4: 381–396, 1980.

Drehsen, V.: Alles andere als Null–Bock auf Religion – Religiöse Einstellungen Jugendlicher zwischen Wahlzwang und Fundamentalismusneigung. In: *Biehl, P., Bitzer, Ch., Degen, R., Mette, N., Rickers, F.* u. *Schweitzer, F.* (Hg.): Jahrbuch der Religionspädagogik. Bd. 10, 47–69, 1993.
Ebertz, M.N.: Heilige Familie? Die Herausbildung einer anderen Familienreligiosität. In: Deutsches Jugendinstitut (Hg.): Wie geht's der Familie? Ein Handbuch zur Situation der Familie heute. München, 1988.
Edwards, C.: Crazy for God: The nightmare of cult life. Englewood Cliffs, New York: Prentice-Hall, 1979.
Eggenberger, O.: Die Kirchen, Sondergruppen und religiöse Vereinigungen. Ein Handbuch. 6. Aufl. Theologischer Verlag, Zürich, 1994.
Eliade, M.: Geschichte der religiösen Ideen. Quellentexte. Herder-Verlag, Freiburg/Basel/Wien, 1981.
Erikson, E.H.: Childhood and Society. Norton, New York, 1963.
Erikson, E.H.: Young Man Luther. Horton & Co., New York, 1958.
Ernst, H., Klosinski, G.: Entwicklung und familiales Umfeld bei zwangsneurotischen Kindern und Jugendlichen. Eine Retrospektiv- u. Vergleichsstudie. Praxis der Kinderpsychol. u. Kinderpsychiat. 38: 256–263, 1989.
Evans, C.: Kulte des Irrationalen. Rowohlt, Reinbek bei Hamburg, 1976.
Feige, A., Lukatis, J., Lukatis, W.: Jugend auf dem Kirchentag. In: *Schmieder, T., Schumacher, K.* (Hg.): Jugend auf dem Kirchentag. Stuttgart, S. 11–151, 1984.
Feige, A.: Kirchenmitgliedschaft in der BRD. Zentrale Perspektiven empirischer Forschungsarbeit im problemgeschichtlichen Kontext der deutschen Religions- und Kirchensoziologie nach 1945. Gütersloh, 1990.
Feinstein, S.C.: The cult phenomenon: Transition, Repression and Regression. In: *Feinstein, S.C., Giovacchini, P.L., Looney, J.G., Schwartzberg, A.Z., Sorosky, A.D.* (eds.): Adolescent Psychiatry, Vol. VIII, S. 113–122, Univ. of Chicago Press, Chicago/London, 1980.
Fischer, A. et al (Hg.): Jugendliche und Erwachsene '85. Generationen im Vergleich. Bd. 1–5, Opladen, 1985.
Flammer, A.: Mit Risiko und Ungewißheit leben. Zur psychologischen Funktionalität der Religiosität in der Entwicklung. In: *Klosinski, G.* (Hg.): Religion als Chance oder Risiko. Huber, Bern, S. 20–34, 1994.
Foss, D., Larkin, R.: The roar of the lemming: youth, postmovementgroups and the life construction crisis. In: Religious Change (Special Edition of Sociological Inquiry) 49, 1979.
Frankl, V.E.: Der unbewußte Gott – Psychotherapie und Religion. München, 1974.
Frétigny, R., Virel, A.: Imagerie mentale. Genf: Editions du Mont Blanc, Genf, 1968.
Freud, S.: G.W. Bd. XIV, S. 393–396, 1927.
Galanter, M.L.: Charismatic Religious Sects and Psychiatry: An Overview. Am. J. Psychiatry 139, 12: 1549–1548, 1982.

Galton, F.: Inquieries into human faculty and its development (1889), New York: Dutton, 1907.

Garrison, K.C., Garrison, K.C. jr.: Psychology of Adolescence, Prentice-Hall, Eglewood Cliffs/New Jersey, 1975[7].

Geisler, G.: New Age. In: Esotera 12, 1978.

Gladigow, B.: Rigoristische Haltungen und kulturelle Rahmenbedingungen. In: *Klosinski, G.* (Hg.): Religion als Chance oder Risiko. Huber, Bern, S. 54–68, 1994.

Glenn, M.L.: Relgious conversion and the mystical experience. Psychiatry Quarterly 44, 4: 636–651, 1970.

Goethe, J.W.: Aus meinem Leben. Dichtung und Wahrheit. In: Werke, Hamburger Ausg. Bd. 9, München, 1988.

Grom, B.: Religiosität und das Streben nach positivem Selbstwertgefühl. In: *Klosinski, G.* (Hg.): Religion als Chance oder Risiko. Huber, Bern, S. 102–110, 1994.

Guntrip, H.: Religion in relation to personal integration. Br. J. med. psychol. 42: 325–333, 1968.

Hardin, B.: Rückkehr in die Innerlichkeit? – Jugendsekten als moralisches Alternativerlebnis. In: *Furian, M.* (Hg.): Gefährdete Jugend – Zwischen Zweifel, Resignation und Hoffnung. Quelle & Meyer, Heidelberg, S. 177–185, 1980.

Hargrove, B.: Integrative and Transformative Religion. In: *Needleman, J., Baker, G.* (eds.): Understanding the New Religions. Seabury New York, Press, S. 257–266, 1978.

Hark, H.: Religiöse Neurosen – Ursachen und Heilung. Kreuz-Verlag, Stuttgart, 2. Aufl., 1988.

Hauth, R.: Der neue Hang zum Okkulten – Spiritismus und Satanismus unter Jugendlichen. Bestandsaufnahme und theologische Anmerkungen. AJS-Forum, Heft 4–5: S. 2–11, 1988.

Heimann, H.: Religion und Psychiatrie. In: Psychiatrie der Gegenwart. Bd. III. Springer, Berlin/Göttingen/Heidelberg, S. 471–493, 1961.

Heirich, M.: Change of Heart: A Test of Some Widely Held Theories about Religious Conversion. Amer. J. of Sociology, Vol. 83, Nr. 3: 653–680, 1977.

Helsper, W.: Okkultismus – Die neue Jugendreligion? Leske & Budrich, Opladen, 1992.

Hemminger, H. (Hg.): Die Rückkehr der Zauberer. New Age – eine Kritik. rororo Sachbuch (Nr. 8712), Reinbek bei Hamburg, 1990.

Henschel, G.: Kopfüber ins New-Age. In: Merkur 45. Jg., S. 505–515, 1991.

Henseler, H.: Religiöses Erleben – eine Regression im Dienste des Ich? Überlegungen zur Psychogenese der Religiosität. In: *Klosinski, G.* (Hg.): Religion als Chance oder Risiko. Huber, Bern, S. 169–178, 1994.

Herbert, W.: Wertewandel in den 80er Jahren. Entwicklung eines neuen Wertmusters? In: *Luthe, H.O., Meulemann, H.* (Hg.): Faktum oder Fiktion? Frankfurt/M./New York, 140–160, 1988.

Hilse, J.: Von allen guten Geistern verlassen? Jugendliche und Okkultismus. AJS (Aktion Jugendschutz) Nordrhein-Westfalen, Köln, 1990.

Hoch, E.: Altindische Philosophie, indische Religionen und Psychotherapie. In: *Condrau, G.* (Hg.): Kindlers „Psychologie des 20. Jahrunderts" – Psychologie der Kultur, Bd. I, S. 210–218, Beltz, Weinheim/Basel, 1982.

Hole, G.: Die depressive Dekompensation – pathologische Endstrecke einer religiösen Anstrengung. In: *Klosinski, G.* (Hg.): Religion als Chance oder Risiko. Huber,S. 209–222, Bern, 1994.

Holtz, G.: Die Faszination der Zwänge: Aberglauben und Okkultismus. Vandenhoeck & Ruprecht, Göttingen, 1984.

Hummel, R.: Kult statt Kirche. Wurzeln und Erscheinungsformen neuer Religiosität außerhalb und am Rande der Kirchen. In: *Baadte, G., Rauscher, A.* (Hg.): Neue Religiosität und säkulare Kultur. Graz/Wien/ Köln, S. 43–61, 1988.

James, W.: Varieties of religious experience. London: Longmans Grenn, 1902. Deutsch: Die Vielfalt religiöser Erfahrung. Walter, Olten, 1979.

Janet, P.: Névroses et idées fixes (1898). Paris, 4. Aufl., 1925.

Jung, C.G.: Gesammelte Werke. Walter, Olten, 1971.

Keller, W.: Was gestern noch als Wunder galt. München, 1979.

Kentler, H.: Jugend und Religion. In: „Deutsche Jugend", S. 397–404, Sept. 1963.

Klosinski, G. (Hg.): Pubertätsriten – Äquivalente und Defizite in unserer Gesellschaft. Einführende Anmerkungen des Jugendpsychiaters. Huber, S. 11–24, Bern, 1991.

Klosinski, G.: Adoleszenz: schöpferische Krise oder Wartehalle für Aussteiger? Frankfurter Hefte, 30. Jg. 3/1983, S. 36–47.

Klosinski, G.: Automutilation in der Adoleszenz. Acta paedopsychiatrica 44: 311–323, 1979.

Klosinski, G.: Die Telemachie – Die Suche des Sohnes nach dem Vater. Praxis Psychotherapie und Psychosomatik 30: 169–170, 1985.

Klosinski, G.: Ekklesiogene Neurosen und Psychosen im Jugendalter. Zur erschwerten Ablösungsproblematik von Jugendlichen aus streng moralisierenden, christlich-religiösen Bewegungen. Acta paedopsychiatrica 53: 71–77, 1990.

Klosinski, G.: Jugendkrise, Spiegelbild unserer Gesellschaftskrise? Probleme der Adoleszenz im Lichte der Gesellschaftskrise der Gegenwart. In: *Lempp, R.* (Hg.): Adoleszenz. S. 64–76, Huber, Bern, 1981.

Klosinski, G.: Okkultismus bei Jugendlichen: Jugendreligionen im neuen Gewand? AJS-Forum NRW, 14. Jg. 4: 18–22, 1990.

Klosinski, G.: Psychologische und psychodynamische Aspekte religiöser Konversion zu neureligiösen Bewegungen am Beispiel der Neo-Sannyas-Bewegung – Eine Vergleichsstudie bei der Neo-Sannyas-Bewegung und der Gesellschaft für Transzendentale Meditation mittels

biographischer Interviews. Habilitationsschrift Med. Fakultät, Klinische Medizin, der Univ. Tübingen, 1983.
Klosinski, G.: Über blasphemische Äußerungen und religiöse Versündigungsideen im Kindes- und Jugendalter. Acta paedopsychiatrica 45: 325–335, 1980.
Klosinski, G.: Warum Bhagwan? Auf der Suche nach Heimat, Geborgenheit und Liebe. Kösel, München, 1985.
Knab, D.: Schule als Weg aus religiöser Unmündigkeit? In: *Klosinski, G.* (Hg.): Religion als Chance oder Risiko. 35–41, Huber, Bern, 1994.
Knölker, U.: Ekklesiogene Zwangsneurosen im Jugendalter anhand von Fallbeispielen. In: *Klosinski, G.* (Hg.): Religion als Chance oder Risiko. 179–186, Huber, Bern, 1994.
Köcher, R.: Tradierungsprobleme in der modernen Gesellschaft. In: *Feifel, E., Kasper, W.* (Hg.): Tradierungskrise des Glaubens. München, S. 168–182, 1987.
Köcher, R.: Wandel des religiösen Bewußtseins in der BRD. In: Gegenwartskunde. Sonderheft 5. Religion, Kirche und Gesellschaft, Opladen, 1988.
König, G., Lampe, A.: Spuren des „New Age" in unserer Gesellschaft. In: *Carlhoff, H.-W.* u. *Wittemann, P.* (Hg.): Neue Wege zum Glück? Psychokulte – Neue Heilslehren – Jugendsekten AJS (Aktion Jugendschutz) Baden–Württemberg, S. 32–41, Stuttgart, 1994.
Kretschmer, E.: Medizinische Psychologie. Thieme, 10. Aufl., Stuttgart, 1950.
Künzlen, G.: zitiert nach König & Lampe, 1994.
Leuner, H.: Katathymes Bilderleben. Thieme, Stuttgart, 1970.
Lofland, J., Skonovd, N.: Conversion Motifs. J.f. the Scientific Study of Religion, 20 (4): 373–385, 1981.
Lofland, J., Stark, R.: „Becoming a world–saver: A theory of conversion to a deviant perspective." Am. Sociological Review, 30: 862–875, 1965.
Luckmann, Th.: Die unsichtbare Religion. Frankfurt/M. 1991 (amerik. Original: The invisible religion. The problem of religion in modern society. New York, 1967).
Luckmann, Th.: Neuere Schriften zur Religionssoziologie. In: Kölner Zeitschrift für Soziologie und Sozialpsychologie. 12. Jg., S. 315–325, 1960.
Luczyn, D.: Esoterikführer. Niedertaufkirchen, Connection Medien GmbH, 1993.
Lungershausen, E.: Psychiatrische Probleme im Zusammenhang mit den neuen Jugendreligionen. In *Karbe, K., Müller–Küppers, M.* (Hg.): Destruktive Kulte. Verlag für medizinische Psychologie im Verlag Vandenhoeck & Ruprecht, Göttingen, S. 30–46, 1983.
Lynch, F.R.: Towards a Theory of Conversion and Commitment to the Occult. Am. Behavioral Scientist, 20 (6): 887–908, 1977.
Maslow, A.H.: Motivation and Personality. Harper & Row, New York, 1954.

Mischo, J.: Okkultismus bei Jugendlichen. Ergebnisse einer empirischen Untersuchung. Mainz, 1991.

Mischo, J.: Okkultpraktiken bei Jugendlichen. – Ergebnisse einer Umfrage bei Religionslehrern im Bistum Trier. In: Z. f. Parapsychologie und Grenzgebiete der Psychologie. 30. Jg., S. 5–32, 1988.

Mode, E.: Die neue Einsamkeit der Postmoderne. Edition Psychosymbolik, München, 1991.

Möller, M.L.: Zwei Personen, eine Sekte. In: *Michel, K.M., Wieser, H.* (Hg.): Kursbuch 55 „Sekten", Kursbuch Rotbuch-Verlag, S. 1–37, Berlin, 1979.

Mohr, H.: Handbuch religionswissenschaftlicher Grundbegriffe. 3: 436–445, 1993.

Müller, L.: Magie – Tiefenpsychologischer Zugang zu den Geheimwissenschaften. Kreuz-Verlag, Stuttgart, 1989.

Müller, U.: Okkultismus, Spiritismus, Satanismus – gesellschaftliche Probleme? In: AJS-Forum Nr. 4–5: S. 14–23, 1988.

Müller–Küppers, M.: Psychische Indoktrination. In: *Faust, V.* (Hg.): Psychiatrie – Ein Lehrbuch für Klinik, Praxis und Beratung. Gustav–Fischer–Verlag, Stuttgart/Jena/New York, 543–545, 1995.

Neumann, E.: Die Bedeutung des Erdarchetyps für die Neuzeit. In: Eranos-Jahrbuch 1953, Bd. XXIII, Zürich, 1954.

Nicholi, A.M.: New Dimension of the Youth Culture. Am. J. Psychiatry 131, (4): 396–401, 1974.

Nipkow, K.E. (1987): Erwachsenwerden ohne Gott? Gotteserfahrung im Lebenslauf. Chr. Kaiser, München, 1992[4].

Nipkow, K.H. (1990): Bildung als Lebensbegleitung und Erneuerung. Kirchliche Bildungsverantwortung in Gemeinde, Schule und Gesellschaft. Gütersloh, 2. Aufl. 1992.

Nipkow, K.H.: Jugendliche und junge Erwachsene vor der religiösen Frage. Religionssoziologische, entwicklungspsychologische und religionspädagogische Perspektiven. In: *Klosinski, G.* (Hg.): Religion als Chance oder Risiko. 111–136, Huber, Bern, 1994.

Nunnen-Winkler, G.: Veränderte Wertorientierungen, neue Identitätskonzepte. In: Leiterkreis der evang. Akademien in Deutschland (Hg.): Zukunftsforum Jugend 2000. Informationsdienst Nr. 3, Frankfurt/M., 3–8, 1990.

Otto, R.: Das Heilige. München, 1979, zitiert nach Wyss, 1991.

Reimer, H.-D., Hummel, R.: Jugendreligionen in den 80er Jahren. Eine Bestandsaufnahme. In: *Messner, S., Pfeffer, W.-K., Weber, M.* (Hg.): Beratung im Umfeld von Jugendreligionen. Verlag f. Med. Psychologie im Verlag Vandenhoeck & Ruprecht, Göttingen, 1984.

Reller, H. (Hg.): Handbuch religiöser Gemeinschaften. 4. Aufl. Gütersloh, Gütersloher Verlagshaus, 1993.

Remmler, H.: Das Geheimnis der Sphinx. Walter, Olten, 1988.

Richardson, J.T., Stewart, M.: Conversion Process Models and the Jesus Movement. Am. Behavioral Scientist, 20, (6): 820–838, 1977.

Riedel, I.: Bilder von Angst und Vertrauen. Progressive und regressive Gottessymbole in Träumen und Imaginationen. In: *Klosinski, G.* (Hg.): Religion als Chance oder Risiko. 159–168, Huber, Bern, 1994.

Rosa, K.R.: Das ist die Oberstufe des Autogenen Trainings. Kindler, München, 1975.

Rosin, U., Hammers, A.J.: Parapsychologie, Okkultismus, Teufelsglaube, Besessenheit, Exorzismus und Wunder. In: *Condrau, G.* (Hg.): Psychologie der Kultur. Beltz–Verlag, Weinheim/Basel, 1982, S. 130–145 (Kindlers „Psychologie des 20. Jahrhunderts", Bd. 2: Imagination, Kunst und Kreativität).

Salzman, L.: The Psychology of Religious and Ideological Conversion. Psychiatry, 16: 177–187, 1953.

Schätzing, E.: zitiert nach *Thomas, K.* (Hg.): Handbuch der Selbstmordverhütung. Enke, Stuttgart, S. 304 ff., 1964.

Schellenbaum, P.: Gottesbilder. DTV 2. Aufl. München, 1990.

Schjelderup, H., Schjelderup, K.: Über drei Haupttypen der religiösen Erlebnisformen und ihre psychologische Grundlage. Walter de Gruyter & Co. Berlin/Leipzig, 1932.

Schmid, G.: Jugend und Religion in der Schweiz. In: Nembach, Ulrich (Hg.): Jugend und Religion in Europa. Frankfurt/M., S. 261–270, 1987.

Schmid, G.: Vorwort zu Barz, H.: Religion ohne Institution? Leske & Budrich, Opladen, 1992.

Schmidt, W.: Angebote des Heilslehrenmarktes – Ein Überblick. Vortrag gehalten am 8.12.1994 in Stuttgart. Veranstalter: Ministerium für Arbeit, Gesundheit und Sozialordnung Baden–Württemberg. (Informationstag zum Thema: Unseriöse Hilfen zur Lebensbewältigung – Sektierer und Heilsversprechen, Zugang – Soziale und gesundheitliche Gefährdung – Beratung)

Schmidtchen, G.: Schritte ins Nichts. Selbstschädigungstendenzen unter Jugendlichen. Opladen, 1989.

Schmidtchen, G.: Sekten und Psychokultur. Reichweite und Attraktivität von Jugendreligionen in der BRD. Herder–Verlag, Freiburg/Basel/Wien, 1987.

Schultz, I.H.: Das Autogene Training. Thieme, Stuttgart, 13. Aufl. 1966.

Seewald, P.: Wo ist Gott? Südd. Zeitung, Magazin Nr. 25: S. 13–19 vom 16.6.1992.

Simmonds, R.B.: Conversion or Addiction – Consequences of Joining a Jesus Movement Group. Am. Behavioral Scientist, 20, 6: 909–924, 1977.

Singer, M.: Coercive Persuasion und die Probleme der „Ex-Cult Members". In: *Müller-Küppers, M. u. Specht, F.* (Hg.): „Neue Jugendreligionen". Verlag f. Med. Psychologie im Verlag Vandenhoeck & Ruprecht, S. 104–120, Göttingen, 1979.

Soeller, D.: Die Hinreise. Stuttgart, 1976.

Spranger, E.: Psychologie des Jugendalters. Quelle & Meyer, Leipzig, 1925[18].

Starbuck, E.D.: The Psychology of Religion. London: *W. Scott*, 1899. Deutsch: Religionspsychologie. Leipzig: Klinkhardt, 1909.

Stodt, D.: Religion in der Lebenswelt. Am Beispiel eines jungen Fundamentalisten. In: *Grötzinger, A., Luther, H.* (Hg.): Religion und Biographie. 149–162, München, 1987.

Stokvis, B.: Lehrbuch der Hypnose. 2. Aufl., bearbeitet von D. Langen Basel/New York: Karger, 1965.

Stone, D.: The Human-Potential-Movement. In: *Glock, Ch.Y. a. Bellah, R.N.* (eds.): The New Religious Consciousness. p.: 93–115, University of California Press, Berkeley, 1976.

Sziegaud-Roos, W.: Religiöse Vorstellungen von Jugendlichen. In: Jugendliche und Erwachsene '85. Bd. 4, Jugend in Selbstbildern, herausgegeben von: Jugendwerk der Dt. Shell, Opladen, 1985.

Sziegaud-Roos, W.: Religiöse Vorstellungen von Jugendlichen. In: *Fischer, A.* (Hg.): Jugendliche und Erwachsene '85. Generationen im Vergleich. Bd. 4, 334–386, 1985.

Thomas, K. (Hg.): Handbuch der Selbstmordverhütung. Enke, Stuttgart, 1964.

Thomas, K.: Sexualstörungen infolge „ekklesiogener" Neurosen. Sexualmedizin 8: 272–274, 1989.

Travisano, R.: Alternation and Conversion as qualitatively different Transformations. In: *Stone, G.P., Faberman, H.* (eds.): Social Psychology through Symbolic Interactions. p. 594–606, Waltham, Mass.: Ginn-Blaisdell, 1970.

Wartenberg, G.: Thesen zur religiösen Krise in der Adoleszenz und der Gefährdung Jugendlicher durch destruktive Religiosität. In: *Messner, S., Pfeffer, W.-K.* u. *Weber, M.* (Hg.): Beratung im Umfeld von Jugendreligionen. Verlag für Med. Psychologie im Verlag Vandenhoeck & Ruprecht, Göttingen, 134–141, 1984.

West, L.J. u. *Singer, M.T.*: Cults, quacks, and nonprofessional psychotherapies. In: *Kaplan, H.I., Freedman, A.M., Sadock, B.J.* (eds.): Comprehensive Textbook of Psychiatry. Bd. III, S. 3245–3257, Williams & Wilkins, Baltimore, 1980.

Wilber, K.: Halbzeit der Evolution. München, 1981.

Will, H.: Die Privatisierung Gottes. In: *Michel, K.M., Wieser, H.* (Hg.): Kursbuch 93, Berlin, Kursbuchverlag, 1988.

Wilson, M.R.: A proposed diagnostic classification for Adolescent Psychiatric cases. In: *Feinstein, S.C., Giovacchini, P., Miller, A.A.* (eds.): Adolescent Psychiatry. Vol. 1, Basic Books, New York, S. 275–295, 1971.

Wölber, H.O.: Religion ohne Entscheidung. Volkskirche am Beispiel der jungen Generation. Göttingen, 1959.

Wyss, D.: Psycholgie und Religion. Untersuchungen zur Ursprünglichkeit religiösen Erlebens. Königshausen & Neumann, Würzburg, 1991.

Zacharias, G.: Satanskult und schwarze Messe. Ein Beitrag zur Phänomenologie der Religion. Limas-Verlag, Wiesbaden, 1970.

Psychologie in der Beck'schen Reihe

Hermann Ehmann
Ist mein Kind Legastheniker?
Ein Ratgeber zur Lese- und Rechtschreibschwäche
1995. 140 Seiten. Paperback
Beck'sche Reihe Band 1094

Jutta Hartmann
Lautlos und unbemerkt
Der plötzliche Kindstod
1990. 91 Seiten. Paperback
Beck'sche Reihe Band 407

Jutta Hartmann
Zappelphillip, Störenfried
Hyperaktive Kinder und ihre Therapie
Mit einem Nachwort von Prof. Dr. Reinhard Lempp.
5. unveränderteAuflage. 1994. 124 Seiten. Paperback
Beck'sche Reihe Band 333

Rolf Wille
Sucht und Drogen und wie man Kinder davor schützt
1994. 273 Seiten. Paperback
Beck'sche Reihe Band 1070

Beate Besten
Sexueller Mißbrauch
und wie man Kinder davor schützt
3. neubearbeitete Auflage. 1995. 136 Seiten. Paperback
Beck'sche Reihe Band 445

Rainer Balloff
Kinder vor Gericht
Opfer, Täter, Zeugen
1992. 248 Seiten. Paperback
Beck'sche Reihe Band 495